غرباء بفطرة واحدة

غرباء بفطرة واحدة

حمدة حمد النعيمي

دار جامعة حمد بن خليفة للنشر
HAMAD BIN KHALIFA UNIVERSITY PRESS

دار جامعة حمد بن خليفة للنشر
صندوق بريد 5825
الدوحة، دولة قطر

www.hbkupress.com

الطبعة العربية الأولى عام 2022

الترقيم الدولي: 9789927161261

تمت الطباعة في بيروت-لبنان.

مكتبة قطر الوطنية بيانات الفهرسة – أثناء – النشر (فان)

النعيمي، حمدة حمد، مؤلف.

غرباء بفطرة واحدة / حمدة حمد النعيمي. - الطبعة العربية الأولى. - الدوحة، دولة قطر : دار جامعة حمد بن خليفة للنشر، 2022.

صفحة ؛ سم

تدمك 978-992-716-126-1

1. الأحكام المسبقة -- القصص. 2. الروايات. أ. العنوان.

PJ7952.A454 G48 2022

892.737– dc23 202228504410

المحتويات

تفاصيل جميلة

مع إطلالة نسائم فصل الخريف، أشرقت شمس هذا اليوم الجميل بأشعتها الخجلى، مداعبةً وجه النهر الجاري، ومزاحمةً نسمات الهواء الرقيقة العليلة، التي تعانق أوراق الشجر المُصفرَّة والمائلة إلى اللون البرتقالي. تُصدر الأشجار حفيفًا، ثم تنثر أوراقها على الأرض، لترسم لوحة فنية باهية الألوان، تبعث في النفس مشاعر الحب والدفء والتفاؤل.

بزغت شمس هذا اليوم الثلاثاء الحادي عشر من سبتمبر 2001 على مدينة «أثينز» الصغيرة القابعة في الجنوب الشرقي لولاية أوهايو الأمريكية. في قلب هذه المدينة، يسكن ما يقارب واحدًا وعشرين ألف نسمة، ويزيد عدد الأسر فيها عن ستة آلاف أسرة، ومن بين تلك الأسر... عائلة نورا.

نورا فتاة عشرينية متزوجة من خالد، وقد حباهما الله بولدين هما إبراهيم ومحمد. وعائلة نورا مجموعة من الشخصيات المتحابة والمتقاربة رغم طباعهم المتناقضة والمتضادة.

انتقلت نورا مع عائلتها إلى «أثينز» حديثًا، بعد حصولها على القبول لدراسة الماجستير في جامعة أوهايو. وفور وصولها استأجرت مع زوجها خالد ما يسمى في أمريكا الـ«تاون هاوس»، وهو منزل صغير يتكون من طابقين ودور سفلي (قبو). المنزل بسيط وجميل تربط طوابقه الثلاثة سلالم ضيقة؛ فالطابق الأرضي يحوي غرفة جلوس مستطيلة تتسع لأريكتين خضراوين مخططتين، وفي وسطها منضدة متوسطة الحجم. وفي الجهة المقابلة، هناك تلفاز يتربع على طاولة خاصة به. وتتصل غرفة الجلوس بغرفة الطعام التي

تحوي طاولة طعام خشبية صغيرة تستند إلى الحائط، وتحيط بها أربعة كراسي خشبية من ثلاث جهات. ويخدم غرفة الجلوس مرحاض صغير جدًّا.

وتؤدي غرفة الجلوس إلى مطبخ صغير مصمم على شكل حرف U، وفيه ثلاجة صغيرة وفرن وخزائن مثبتة على الحائط. يتكون الدور الأول من غرفتيْ نوم، واحدة لنورا وزوجها، والأخرى للطفلين إبراهيم ومحمد. ويخدم هذا الطابق مرحاض مشترك. أما الطابق السفلي وهو طابق التسوية أو القبو، فقد رتبته نورا ليكون غرفة للعب، واستقطعت منه مساحة لغرفة الغسيل.

أما عن المنزل من الخارج، فأبوابه زجاجية لامعة يتخللها الضوء، وتعكس على سطحها لوحة استثنائية وإطلالة جميلة تبعث في النفس مشاعر الدفء والأمان. فالمنزل مُحاط بحديقة فسيحة ومستطيلة الشكل، يغلب عليها اللون الأخضر. وتحيط بالمنزل بيوت من جهاته الثلاث، أغلب قاطنيها عائلات طلاب خليجيين مُبتعثين.

بدأت عائلة نورا يومها عند السادسة والنصف من صباح اليوم الثلاثاء بإيقاظ الطفلين. بدا يومًا كأي يوم معتاد. كان الجو العائلي حميمًا، ومليئًا بالحب والنشاط، ومفعمًا بالطاقة الإيجابية. إبراهيم الطفل الأكبر ذو الأعوام الستة أخذ يتململ ويتحرك ببطء كعادته دائمًا، فهو رغم ظرافته ولطافة شخصيته إلا أنه يحمِّل نورا وخالدًا جهدًا مضاعفًا، حتى يلبي طلباتهما، ويتجاوب مع أوامرهما.

راح والده يشجعه على النهوض من سريره وتنظيف أسنانه. «بسرعة يا حبيبي، بسرعة»، كلمات أعادها خالد مرارًا، على أمل أن يستعجل إبراهيم في حركته!

على النقيض تمامًا، هي شخصية محمد، إنه طفل منضبط ومسؤول رغم أنه يصغر إبراهيم بعام واحد. استيقظ محمد على صوت خالد وإبراهيم،

وتحرك كعادته بنشاط وبسرعة، وقفز من فوق سريره واتجه دون تفكير إلى المرحاض في الدور الأرضي، لأنه يعلم أن إبراهيم سيتأخر في استخدام المرحاض في الدور الأول.

أما نورا فدورها كأم يُحتم عليها أن تكون أول المستيقظين في البيت، وفي هذه الأثناء تكون في المطبخ عادة، تعد وجبة الفطور لطفليها وزوجها وحقائب الغداء للصغيرين.

نزل خالد إلى الطابق الأرضي. واحتضن زوجته بحنان.

«كيف حالك يا حبيبتي اليوم؟» همس في أذنها، وغمرها بدفء حبه. ثم عاد لينادي إبراهيم:

«إبراهيم... إبراهيم... أسرع يا حبيبي».

يعلم خالد تمامًا أنه إذا لم يُلح على إبراهيم، ويناديه مرارًا، فلن يخرج من المرحاض قبل ساعات، وسيتأخر عن موعد حافلة المدرسة.

تابع خالد محمدًا كي يشجعه على الاستعجال، فوجده قد نظف أسنانه وغسل وجهه. ابتسم له وطلب منه أن يعود إلى غرفته ليرتدي ملابس المدرسة. صعد محمد الدرج برشاقة، وقد ارتسمت على وجهه البريء ابتسامة طفولية تعبر عن سعادته.

قطع لحظات الهدوء صوت نورا، منادية بصوت عالٍ:

«إبراهيم... إبراهيم... بسرعة يا ولدي، الحافلة ستصل قبل أن تتناول فطورك».

لكن محمدًا نشيط وينجز مهامه بسرعة، فبعد أن ارتدى ملابسه، قبَّل أمه وجلس مع والده حول طاولة الطعام الخشبية الصغيرة، وبدأ بشرب كوب الحليب. جالستهما نورا وهي تحتسي قهوتها، فشُرْبُ القهوة من طقوسها الصباحية.

همهم خالد مغتاظًا: «أظن أن إبراهيم لم يرتدِ ملابسه بعد!»

هرعت إلى الدور الأول، لتجد إبراهيم وقد خرج للتو من المرحاض، فقالت له مستاءة: «يا ولدي، كل يوم على هذه الحال! بسرعة يا حبيبي، ستفوتك الحافلة».

ساعدته بكل حب وصبر في ارتداء ملابسه، وكان إبراهيم يدخل يديه النحيلتين في أكمام ملابسه الخريفية الجديدة بكل بطء وروية. بعد ذلك اقتادته من يده الصغيرة بحنان، عبر الدرج الضيق إلى الأسفل، ليتناول فطوره.

جلس إبراهيم إلى طاولة الطعام على مهل، وكالعادة أخذ يشم رائحة الساندويتش والحليب.

فعلَّقت نورا بنبرة تشوبها الحدة، لعلمها أنه سيتذمر من الأكل: «كُل بسرعة دون أن تتشرَّط».

نهض محمد بعد أن أنهى فطوره، ليرتدي جوربه وحذاءه. قال خالد لإبراهيم بهدوء وبنظرة ثاقبة: «بقي عشر دقائق على موعد وصول الحافلة!»

همَّت نورا مسرعة نحو خزانة الأحذية، كي تساعد إبراهيم على انتعال حذائه، وسألته: «أين جوربك؟»

فرد ببرود: «في غرفتي فوق».

رمقته مقطبةً حاجبيها، وصعدت إلى غرفته لإحضار الجورب متذمرة، وهي تقول: «الله يهديك يا ولدي».

وبعد أن ألبسته جواربه وحذاءه، نادى خالد: «الحافلة وصلت... أسرعا!»

حمل محمد حقيبة طعامه، بينما لا يزال إبراهيم جالسًا يأكل ببطء دون اكتراث بالوقت. حاولت نورا استعجاله قدر الإمكان، وساعدته ليكمل شرب الحليب. ثم ناولت حقيبة طعامه لخالد. وحين سار خالد ومحمد نحو الباب، كان إبراهيم يجرجر رجليه ويمد ذراعه نحو أمه كي تلبسه المعطف. ثم ناولته ما تبقى من شطيرته ليكملها في الطريق.

نادى محمد: «أسرع يا إبراهيم».

فأجابه إبراهيم: «حسنًا... حسنًا... أنا قادم».

لوَّحت نورا لصغيريها ولزوجها، ثم أقفلت الباب على نسمة خريفية باردة. اعترتها سعادة كبيرة، فما تعيشه الآن، هو حلم طفولتها، وها هو قد تحقق... عائلة سعيدة في منزل هانئ آمن.

بعد السيناريو المستعجل الذي عاشته نورا قبل لحظات مع تحضير ابنيها للذهاب إلى المدرسة. ها هي تبدأ عيش سيناريو مختلف تمامًا مع نفسها. صعدت بكل هدوء وسكينة إلى غرفتها لتباشر تجهيز نفسها للذهاب إلى الجامعة. كوت ثيابها وحجابها، ثم وضعت الكريم على وجهها، وارتدت ملابسها.

عاد خالد بعدما تأكد من ركوب إبراهيم ومحمد حافلة المدرسة. فالصغيران يرتادان مدرسة حكومية أمريكية، إبراهيم في الصف الأول، ومحمد في صف الروضة.

ناداها خالد سائلًا: «متى تبدأ محاضرتك؟»

فأجابت نورا: «عند التاسعة... لا يزال لدي بعض الوقت».

فردَّ خالد: «حسنًا».

تتابع نورا دراساتها العليا، وتسعى لنيل درجة الماجستير من جامعة أوهايو. وفصل الخريف هو أول فصل دراسي لها، واليوم الثلاثاء الحادي عشر من سبتمبر هو يومها الدراسي السادس.

ويشاركها زوجها خالد في رحلتها الدراسية، ويتطلع للحصول على شهادة التوفل التي تؤهله لاستكمال دراسة الماجستير.

خالد زوج محافظ جدًّا ومتمسك بالعادات والتقاليد الخليجية، وهو أب حنون. ونورا زوجة عربية محافظة وملتزمة ومتشبثة بالقيم العربية الإسلامية.

وقد جعلتها حصيلة هذه القيم تقدس حياتها الزوجية وتسعى لضمان استمرارها ونجاحها. تحافظ نورا على أداء صلواتها وتتمسك بحجابها، فهي ليست عربية فحسب، بل من مجتمع خليجي أصيل وملتزم بعاداته الإسلامية وتقاليده العربية الخليجية، مجتمع يؤمن بضرورة طاعة الزوج وعدم مخالطة النساء للرجال الأجانب إلا في أضيق الحدود.

صباح ليس كأي صباح

إنها الثامنة صباحًا... نورا جاهزة للتوجه إلى الجامعة، ومغادرة منزلها الآمن الذي أحبت تفاصيله، رغم أنها لم تقضِ فيه سوى أيام قليلة. لكنْ هذه هي نورا، تخلق أجواء من السكينة والراحة والطمأنينة لعائلتها في أي مكان تواجدوا فيه. المهم بالنسبة لها أن يكونوا معًا هي وزوجها وولداها. لبست جلبابها ذا اللون البيج، وحجابها المنقوش بنقوش جميلة. اختارت الألوان الفاتحة والمنقوشة لتشحنها بطاقة إيجابية مع بدء مشوارها الدراسي. وهذا اللباس لا تلبسه في بلادها، فهناك ترتدي باستمرار حجابًا أسود وعباءة سوداء... وارتداء العباءة السوداء من عادات وتقاليد نساء أهل الخليج.

نادت نورا: «هيا يا عزيزي».

فخالد يقلها بالسيارة إلى الجامعة، وهي مثل أغلب نساء الخليج في ذلك الوقت، لا يُسمح لهن بالقيادة.

ركبا سيارتهما «الفورد» البيضاء الصغيرة، المركونة في مواقف السيارات خلف المنزل. وفي طريقهما استرسلا في الحديث عن مدرسة ابنيهما.

ولم يثنها الكلام عن تأمل معالم الشارع، فكانت تسرح بنظرها، منبهرة بالطبيعة، فالشارع واسع وتحيط به الأشجار الباسقة من كلا الجانبين. لم يسبق لنورا أن سافرت إلى بلاد أجنبية، إلا في عام 2000 حين انتقلت من الخليج إلى ولاية أريزونا لتدرس اللغة الإنجليزية، لكن مناخ المدينة التي قطنت فيها آنذاك، كان لا يختلف عن مناخ دول الخليج حيث الحرارة الشديدة. لذلك لم يرُق لنورا العيش فيها على عكس أوهايو. فأوهايو أسرتها منذ اللحظة

الأولى بطبيعتها الخلابة وما تزخر به من ألوان، وأذهلتها الأشجار بجمالها وبضخامة جذوعها، فكانت تقضي معظم وقتها في السيارة مأخوذة بسحر وجمال الطبيعة، وتردد قائلة: «ما شاء الله... سبحان الله...».

مع وصولهما إلى الجامعة، سألها خالد عن موعد انتهاء المحاضرات.

فردت بكل هدوء: «عند الثالثة عصرًا».

سألها بعنجهية الرجل الشرقي وتسلطه: «والغداء؟ متى سيجهز؟!»

قالت: «جهزت الدجاج... وسأبدأ بطهي الطعام فور عودتي، ولن يتأخر الغداء».

رغم انشغال نورا بدراستها، ورغم أن خالدًا لا يعمل في هذه الفترة، إلا أن مهام الطبخ وتنظيف المنزل وترتيبه والعناية بالأسرة وما إلى ذلك، تلقى كلها على عاتق الزوجة، وذلك حسب الأعراف المتبعة لدى العائلات العربية. ونورا زوجة مطيعة مسالمة إلى أبعد الحدود، لم تخلع ثوب عاداتها، والتزمت بمسؤولياتها كزوجة وأم رغم انشغالها بالدراسة، غير أنها تكنُّ لزوجها شعورًا كبيرًا بالامتنان والتقدير، لأنه سمح لها بدراسة الماجستير، مع أنه كان باستطاعته أن يمنعها من الدراسة لو أراد ذلك، وأن يحد من خروجها من البيت، بل كان بإمكانه أن يمنعها من السفر بصفته زوجها.

سارت نورا على مهل إلى قسم الرياضيات في الجامعة. والجامعة تقع على تلة عالية، وكان ذلك يزعجها ويرهقها كثيرًا لكونها تعاني من آلامٍ في الظهر.

وفي قاعة المحاضرات، جلست في الصف الأول في أقصى يسار القاعة. ويشاركها دراسة المقرر قرابة خمسين طالبًا وطالبة، وقد وجدته في غاية البساطة والسهولة لأنها سبق أن درسته في الجامعة. إلا أنه من المقررات الأساسية في برنامج دراستها للماجستير. وهي لا تجد ضيرًا في سهولته،

بل على العكس يشعرها ذلك بالرضا والراحة، ويتيح لها سعة في الوقت للاستقرار وترتيب أمورها وأمور عائلتها في هذه المدينة، لا سيما أن هذا الوضع جديد بالنسبة لهم جميعًا، ولطالما وضعت هي أسرتها على رأس أولوياتها.

بعد لحظات، دخل أستاذ مادة الرياضيات وكان يرتدي سروالًا رياضيًا قصيرًا وقميصًا بكمين قصيرين، وكانت كتفه ملفوفة بجبيرة، إذ بدا وكأنه تعرض لحادث!

اكتفت نورا بالجلوس في مقعدها والاستماع إلى الشرح، متجنبة طرح أي استفسار أو تساؤل عن أي شيء، أو حتى التحدث في أثناء المحاضرة؛ فأجواء الاختلاط بين الرجال والنساء والاندماج في المجتمع الغربي جديدة عليها، وغير مسموحة بالنسبة لها. وقد تأقلمت شخصيتها مع ذلك، فاكتسبت صفة الخجل، وكان هذا الشعور يسبب لها الحرج في مثل هذا الظرف، وفي المواقف المشابهة.

بدأ الأستاذ بشرح درس تعرفه جيدًا، فلم تصب كل تركيزها واهتمامها على الشرح، بل كادت لا تصغي إليه، وغرقت في بنات أفكارها، فصارت تارةً تفكر في ملابس الأستاذ وتسأل نفسها: «أيليق هذا بمكانته العلمية، وبوجوده في حرم الجامعة وفي قاعة المحاضرة أيضًا، هل من المناسب أن يرتدي ملابس رياضية؟»

وتارة أخرى، كانت تحاول أن تجد له العذر، إذ من الممكن ألا يُعرب الأمريكيون عن أنفسهم وعن هويتهم بطريقة ملابسهم على اختلاف الزمان أو المكان؟! ومن الممكن أيضًا أن يكون الأستاذ غير قادر على لبس قميص رسمي، لأن كتفه مجبرة مع ذراعه الأيسر!

أخذت تحلل وتفكر بالأمر، وفقًا لوجهة نظرها وتبعًا للمفاهيم التي

تربَّت عليها، وما زالت راسخة في ذهنها بالطبع، والتي حملتها معها من دون جواز سفر ولا تأشيرة أو حتى تصريح دخول!

لم تكن تجرؤ على طرح السؤال! فهي لا تعلم ما المقبول! وما الذي يعدُّ تطفلًا وفضولًا، ولا يحق لها أن تسأل عنه!

وفجأة! غادرت نورا مجلس مخيلتها، وعادت لتخاطب الواقع. استمعت إلى سؤال طالب وجدت الإجابة عليه في غاية السهولة. وراقبت الأستاذ وهو يشرح ويعرض الإجابة بوضوح وبكل ذوق ولطف، فأحست بمقدار أدبه وحسن تعامله مع طلابه.

ثم سرحت بأفكارها تراقب المكان، فشغلها حجم السبورة التي يدون عليها الأستاذ شروحاته. لم يسبق لها أن رأت سبورات من هذا النوع وبهذا الحجم الكبير جدًّا. لكن الأستاذ كان قادرًا على التعامل معها بسلاسة وبساطة، كأنه يدوِّن الشرح على كراسة، فلا يضطر أن يمحو ما سبق له أن كتبه، فالمساحة كبيرة تتسع للمزيد والمزيد من الشرح، بل كان يرفع إحداها وينزل الأخرى بسهولة. نال هذا إعجاب نورا كثيرًا، وحدثت نفسها قائلة: «هذا جيد للمعلم، فلا يضيع وقتًا في محو ما كتب». ثم عادت للتركيز على المحاضرة، فسجلت بعض الملاحظات في دفتر قديم كانت قد أحضرته معها من بلدها الخليجي، وقالت محدثة نفسها: «يجب أن أشتري دفاتر وملفات جديدة».

انتهت المحاضرة في تمام العاشرة صباحًا، فانصرف الطلاب خارجين من القاعة. لكن نورا فضلت الانتظار في مقعدها إلى أن يخف الزحام، لأنها تخجل من التدافع مع الرجال.

الممرات في حرم الجامعة كانت عبارة عن لوحات فنية غاية في الجمال... وما كانت تراه نورا حولها وما تعيشه منذ وصولها إلى «أثينز»، كان ضربًا من الخيال بالنسبة لها.

فالأرض يُغطيها العشب الأخضر من الجهتين، كأنما فُرِشت بسجادة أنيقة، وأما المباني ذات الأعمدة الحجرية فكانت تشبه الصروح اليونانية الضخمة.

هكذا فكرت نورا، مع أنها لم تزر اليونان من قبل، ولكن ذلك ما خطر ببالها عندما رأت الأعمدة الكبيرة التي تزين واجهات المباني، وحجم الأحجار التي بنيت منها العتبات؛ فالتصاميم المعمارية والأعمدة جعلتها تشعر أنها في حقبة يونانية قديمة.

غادرت نورا المبنى، واتجهت عبر التلة نحو بوابة الجامعة، تلك البوابة الحديدية التي يحيط بها تمثالان من الحجر منحوتان بدقة متناهية. وخرجت إلى شارع مزدحم بمطاعم الوجبات السريعة والساندويتشات الخفيفة، وفيه أيضًا مكتبات توفر الاحتياجات الأساسية للطلاب، من كتب وقرطاسية وخدمات طباعة وغيرها... فقد نوت شراء بعض الدفاتر والملفات والأقلام الجديدة.

في المكتبة، انتابها شعور غريب... شيءٌ ما تملَّكها وطغى على تفكيرها... لكنها لم تستطع تحديده!

استعرضت ذاكرتُها تلك الفترةَ التي كانت تشاهد فيها المسلسلات العربية، وتحديدًا ما يحاكي منها حقبة جمال عبد الناصر في أثناء الحرب مع إسرائيل، وما كانت تنقله عن أجواء المقاهي في أحياء مصر القديمة!

تجلت في مخيلتها صورة مجموعة من المصريين المتحلقين في المقهى حول مذياع معلق في زاوية أحد الجدران، وهم يستمعون بترقب وخوف إلى أخبار الحرب.

انقبض قلبها، وأحست بأن ثمة شيئًا مريبًا يحصل، ولم تدرِ لماذا خالجها هذا الشعور!

لم تسمع صوت الموسيقى في المكتبة، مثلما هي العادة في أغلب المحال والمتاجر، بل كان الصوت المسموع صوت برنامج إذاعي. لم تعِ

ما يُقال، لأنها لم تلقِ بالًا للأمر، بينما شغل تفكيرَها ذلك الإحساسُ الذي راودها دون أي سبب أو تفسير.

«هناك شيء غريب»، قالتها في نفسها. ولكنها اشترت دفترين وثلاثة ملفات ومجموعة أقلام وغادرت المكان مسرعة.

ما زال الشعور السيئ يلازمها، بل ويزداد إحساسها به، وتشتد الغصة في قلبها، لتنبئها أن أمرًا ليس بالجميل، حدث أو سيحدث!

حاولت نورا إيقاف هذا الصراع الذي يتنازعها ويقبع داخلها، وحاولت أن تتجاهل مشاعرها وأن تعود إلى الحرم الجامعي. وعبرت الممر نفسه، ورأت مجموعة من الطلاب يفترشون العشب، وقالت لنفسها: «لن أجلس هنا، فقد تكون الأرض باردة أو مبللة».

ثم قصدت المقهى الجامعي القريب من مبنى محاضرتها التالية. ألقت نظرة على الساعة في يدها، لتقدر الوقت المتبقي على موعد بدء المحاضرة، فوجدتها تقترب من الحادية عشرة، ما يعني أن فترة استراحتها ما زالت طويلة، فاطمأنت.

اشترت فطيرة جُبن وزجاجة عصير معلب كُتب عليها حرف U بالإنجليزية. ووجود هذا الحرف على المنتجات المعلبة يعني أنها مُجازة من قبل منظومة قوانين الغذاء اليهودية، وبذلك يجوز للمسلمين تناولها لأنهم من أهل الكتاب. هذا ما تعلمته وعائلتها من ابن خالها الذي يعيش في أريزونا، ويكبرها بعشر سنوات.

ثم خرجت لتجد لنفسها مكانًا في إحدى الجلسات الخارجية. كان الجو في غاية الروعة، والطبيعة خلابة تأسر العقل، وتهدئ النفس، وتُذهب التوتر.

ووسط هذه الأجواء الممتعة، قررت أن تعيد كتابة محاضرة الرياضيات بطريقة منظمة، وأن تحل الواجب. وبين حين وآخر، كانت تُمعن النظر

فيما حولها، فتتأمل أشكال الأشجار، واختلاف درجات الألوان في أوراقها، وتراقب العناكب وشِباكها، وكذلك الكراسي والطاولات الخشبية.

نورا شخصية حساسة، تقدر جمال الطبيعة، وتهتم لأدق التفاصيل الجميلة، وتستشعر لذة الاستمتاع بسحر الطبيعة، وتحس بالسعادة في أحضانها.

نظرت إلى الساعة مجددًا...إنها الثانية والنصف بعد الظهر. «كل هذا الوقت مر بسرعة دون أن أشعر»، قالتها في نفسها.

خطب جلل!

دخلت نورا قاعة محاضرة عن الكتابة الأكاديمية. فقد اتخذت قرار التسجيل في مقرر الكتابة لأن مرشدتها الأكاديمية لم تكن راضية تمامًا عن أسلوبها في الكتابة عند حصولها على درجة التوفل قبل البدء بدراسة الماجستير. ونورا طالبة مجدة ومجتهدة ولديها طموح عالٍ، وتود أن تُحسن أداءها في الكتابة الأكاديمية.

المحاضرة ليس فيها سوى عدد قليل من الطلاب، بعضهم من العرب وبعضهم الآخر من الأجانب، وقد جلسوا في القاعة مشكلين نصف دائرة.

جلست نورا وكان إلى جانبها طالب عربي سعودي في الثلاثينيات من عمره. شعرت بالحرج الشديد وبالخجل لأنها تجلس قريبة من هذا الرجل، إلا أنها بذلت جهدًا كي تبدو طبيعية أمام الطلاب الآخرين. واقتصد هو بدوره في الحديث معها، فلم يحادثها أو يحاورها إلا في أضيق الحدود: فالحديث بين الرجل والمرأة من غير المحارم يعدُّ من صور الاختلاط، وهو من بلد لا يختلف في مبادئه وعاداته عن البلد الذي نشأت هي فيه، ومن ثم فلم يَعتدْ بدوره على الاختلاط أيضًا.

دخلت مدرِّسة المادة، امرأة في بداية الثلاثينيات، تدعى جولي، طويلة القامة، ضخمة البنية، شعرها قصير جدًّا ومُشابه لشعر الرجال، وجهها قمري جميل ممتلئ، ورجلاها طويلتان يخفيهما بنطال أسود.

لم تبتسم جولي، على غير العادة! وبدت على وجهها علامات الغضب والمقت.

جرَّت كرسيًّا وجلست في مواجهة الطلاب. وضعت رجلًا فوق رجل بانزعاج وامتعاض شديدين. وكانت رسالة الغضب التي قصدت إيصالها، مقروءة وواضحة تمامًا على ملامح وجهها الرقيقة.

ثم سألت وهي تحاول أن تبدو طبيعية، لكن دونما جدوى: «ما رأيكم فيما حدث اليوم؟»

بدأ الطلاب الأجانب يتكلمون بتلعثم مرة، وبطلاقة مرة أخرى، ويحاولون تبرير أمر ما!

بعد مرور ربع ساعة من الحوار وتبادل الحديث بين المُحاضِرة والطلاب، لم تتمكن نورا من فهم الموضوع!

رفعت يدها على استحياء، تريد أن تفهم ما الذي يحصل! تريد إجابة عن الأسئلة التي تدور في ذهنها. ترغب بتفسير لتلك المشاعر السيئة التي انتابتها قبل دخولها إلى المحاضرة، وما إذا كانت لها علاقة بما يتحدثون عنه الآن؟

فسألت: «ما الموضوع الذي تتكلمون عنه وتتناقشون بخصوصه بهذه الحدة؟»

أجابتها جولي بنبرة عالية غاضبة: «ألا تعرفين عما نتكلم؟»

أحست نورا بالخجل، ولم تستطع أستاذتها تمالك أعصابها وإخفاء غضبها، وقالت للطلاب: «فليخبرها أحدكم بما حصل!»

التفت الطالب السعودي صوب نورا، وحدثها بالعربية قائلًا: «وقع تفجير لطائرتين في أعلى مبنيَيْن في نيويورك»، ثم صمت.

أخذ جميع الطلاب في الفصل يتحاورون ويتابعون نقاشهم حول هذا الموضوع بتوتر واضح.

نورا لم تشاركهم الحوار، بل كانت منغمسة في التفكير، وتتساءل: «كيف يمكن أن يحدث ذلك؟ بالتأكيد حدث بالخطأ! سبحان الله مهما حصَّل الإنسان من العلم فلن يستطيع رد قدر الله المكتوب».

وراحت تستحضر المفاهيم التي غُرست فيها ونشأت عليها؛ فقد كبرت وترعرعت في بيئة تؤمن بالقضاء والقدر.

شعرت بالانزعاج من نظرات المُحاضِرة غير المفهومة نحوها، ولم تستطع تفسير ما قصدته بتلك النظرات!

من الممكن أن تكون عنصرية... أو يهودية... فهم يكرهون المسلمين ويكرهون المحجبات، هكذا ظنت نورا. فهي غريبة وسط غرباء، لا تعلم شيئًا عن نظرتهم تجاهها، كما أن نظرتها تجاههم بُنيت على ما قيل لها في بلادها، وفي حصص علوم الشريعة والمحاضرات الدينية التي كانت قد حضرتها هناك.

مرت ساعة ونصف الساعة من زمن المحاضرة، لم يمر على نورا مثلها! ساعة ونصف الساعة من الرهاب والقلق والاستهجان والمشاعر المزدوجة... ساعة ونصف الساعة ثوانيها كالدقائق... ودقائقها كالساعات!

انهالت جولي بأسئلتها على الطلاب، تارة بأسلوب هجومي غاضب، وتارة أخرى بطريقة استقصائية علَّها تجد تفسيرًا منطقيًّا لما حدث.

وكان الطلبة القادمون من خارج أمريكا يجيبون بالدفاع مرة، وبالهجوم على من اقترف هذا الفعل المشين المزري مرة أخرى، وكأنهم مضطرون لتبرير موقفهم أمام الحاضرين.

ومع مرور الوقت واحتدام النقاش، استطاعت نورا رسم صورة للأحداث في مخيلتها. طائرتان اصطدمتا ببرجين تجاريين في نيويورك، ومن المحتمل أن يكون العمل إرهابيًّا.

كل الإيحاءات والإيماءات في الفصل تشير بطريقة مبطنة إلى أن الفاعلين عرب، وأصابع الاتهام غير المرئية تُصوَّب نحو العرب.

أخذ الطالب السعودي يدافع بكل ما يمتلك من مفردات ومصطلحات عن مبادئ الحرية والتعايش مع الآخرين بسلام، ويُلقي كعربي سعودي عبارات التبرئة مما حدث، ويوضح أن من حق أي إنسان العيش بسلام حيثما كان، دونما ضرر أو ضِرار.

وأخذت نورا تسأل نفسها: «هل كان هذا الرجل ليقول نفس الكلام لو كان كل الحضور من أبناء وطنه! أم أنه مضطر للدفاع عن نفسه فقط لأنه في بلد غير بلده، ولكونه غريبًا هنا ومن حوله غرباء؟!»

كانت مذهولة وتشعر بالتخبط والتلعثم، وكان اضطرابها الداخلي يتصاعد لينعكس على ملامح وجهها. اكتفت بالجلوس والخوف في عينيها، تستمع إلى أناس من كل بقاع الأرض، وتتأمل ردود فعلهم على ما حدث.

اعتذرت أستاذة المادة عن إكمال نصف الساعة المتبقية من الدرس، وأذنت للطلاب بالانصراف.

فرحت نورا، إذ إنها لا تفكر الآن إلا في طبخ الغداء لزوجها وابنيها. غادرت القاعة متوجهة إلى مبنى المسجد، الواقع في الحرم الجامعي، حاملة كيس الأدوات والملفات التي اشترتها، ووقفت في المواقف القريبة تنتظر وصول خالد.

لا تمتلك نورا هاتفًا متنقلًا، ولا تستطيع الاتصال بزوجها لتخبره بأن المحاضرة انتهت قبل موعدها، كي يبكر في المجيء لاصطحابها إلى المنزل. لكنها لم تنتظر طويلًا حتى وصل بسيارته «الفورد» الصغيرة. فرحت نورا كثيرًا برؤيته، لأنها كانت تشعر بالقلق، وتريد أن تستغل فائض الوقت لديها في تحضير الغداء لصغيريْها. ومع ركوبها السيارة، سألته: «هل سمعت عما حدث؟»

فأجابها: «نعم، من أخبرك؟!»

ردت نورا: «أستاذة الكتابة أخبرتنا، كانت في أوج غضبها، إلى درجة أنها أمضت وقت المحاضرة وهي تناقش الموضوع مع كل الطلاب العرب والأجانب».

خالد: «كنت أتابع التلفاز، وفجأة انقطع البث، وتم عرض لحظات اصطدام الطائرة الثانية بالبرج الثاني».

واستطرد قائلًا: «كنت أسائل نفسي إن كان من الأنسب أن آتي لأصحبك إلى المنزل باكرًا خوفًا عليكِ، ثم قررتُ الانتظار حتى لا أشعرك بالخوف».

لم تُعر نورا الموضوع اهتمامًا كبيرًا، ولم ينشغل بالها حتى هذه اللحظة إلا بواجب الرياضيات والطبخ والطفلين.

ومع وصولهما إلى البيت، خلعت نورا حجابها. وصعدت مسرعةً إلى غرفتها، وبدلت ملابسها، وعادت إلى المطبخ لتُجهز مرق الدجاج والأرز للغداء. أما خالد فقد جلس أمام التلفاز ليتابع آخر الأخبار.

بعد نحو ربع ساعة، ذهب لانتظار حافلة ولديه. وانشغلت نورا بغسل الأرز، وتحريك الدجاج على نار عالية لتستعجل نضج الطبيخ، ثم باشرت إعداد السلطة.

نورا طباخة ماهرة وربة منزل متفانية، وتبذل قصارى جهدها في خدمة زوجها وابنيها. وخالد يحب أسرته أيضًا، لكنه لم يفكر يومًا في مساعدة زوجته في الأمور المنزلية. كان من الممكن أن يؤدي جزءًا بسيطًا من أعمال المنزل، أو تحضير الغداء، فهو يجلس طول اليوم أمام التلفاز ويحتسي القهوة، ولديه من الوقت ما يسمح له بتقديم العون لنورا. لكن خالدًا رجل شرقي بامتياز، والمساعدة في شؤون المنزل لا تتوافق مع عاداته وخصاله الشرقية التي ترى أن تلك المهام حكر على النساء، وتعيب الرجل إن فعلها.

فتح باب المنزل، ودخل إبراهيم ومحمد برفقة خالد. هرع محمد نحو المطبخ كعادته، ليُقبل أمه، فاحتضنته وقالت له: «حبيبي، بدِّل ملابسك واغسل يديك وقدميك، فالغداء جاهز تقريبًا».

أما إبراهيم، فقد حثه أبوه على الإسراع في خلع حذائه وغسل يديه ورجليه ووجهه.

صار الطعام جاهزًا، فنادت نورا محمدًا: «حبيبي، ضع مفرش السفرة».

سارع محمد لمدِّ المفرش البلاستيكي على الأرض لوضع الأكل عليه. فخالد ونورا يفضلان تناول وجبة الغداء على الأرض، مثلما اعتادوا في موطنهما الخليجي.

انهمكت نورا في نقل أطباق الدجاج والسلطة إلى المفرش، وجلسوا حول الطعام باستثناء إبراهيم، الطفل المشاكس الذي يحتاج إلى إعادة الطلبات والأوامر على مسمعه مرارًا وتكرارًا.

كانت القنوات التلفزيونية تكرر عرض لحظة اصطدام الطائرة بالبرج. فإذا بنورا تلمح المشهد، عندها تنبهت لهول الحادث وفظاعته! تسمرت عيناها على الشاشة، واتسعت مُقلتاها من شدة تركيزها على ما تراه أمامها!

صحيح أنها سمعت عن الحدث، لكنها لم تكن قد رأته قبل هذه اللحظة بالذات. إنها المرة الأولى التي ترى فيها بأم العين كيف وقع الاصطدام. كانت مشدوهة ومصدومة من هَول ما جرى! وتحاول أن تستوعب ما تسمعه وتراه، وأن تقنع نفسها بأنه حقيقة، إذ إنها لم تكن لتظن ولو للحظة أن الفعل بهذا الحجم.

التفتت إلى خالد خائفة، وقالت: «من الذي فكر بتنفيذ مثل هذا الجُرم... من الذي خطط له ونفَّذه، ولماذا؟!»

سكب خالد الطعام له وللصغيرين، أما نورا فاستمرت في متابعة التحليلات عبر قناة «فوكس نيوز» الإخبارية. فقد كان معظمها يشير إلى العرب بأصابع الاتهام، ما زاد من خوفها ورهبتها.

عادت لتسأل: «هل يُعقل أن يكون العرب من فعلوا ذلك؟!»

واسترسلت: «لا أظن! لا يستطيعون! ليس لديهم هذه الإمكانيات! مستحيل!»

خالد: «تناولي غداءك، سننهي طعامنا وأنتِ لم تبدئي بعد! أأغرف لكِ؟»

انتبهت نورا إلى أن زوجها قد غرف لنفسه وللولدين ولم يغرف لها. لم تشعر بالانزعاج، فقد اعتادت ذلك من زوجها، إنه في نظرها الأب المثالي لكنه الزوج القاسي بعض الشيء؛ سكبت لنفسها، وبدأت الأكل ويداها ترتعشان من الخوف.

استذكرت الملامح الغاضبة لأستاذة الكتابة، فقد تفهمت الآن درجة غضبها وردة فعلها. فحدثت نفسها بصوت مرتفع: «ليس عليها لوم!»

فسأل خالد: «من؟»

أجابته: «الأستاذة جولي».

ثم عادت إلى صمتها لتستمع إلى التحليلات الجائرة والمُجحفة في حق العرب.

استشعار الخطر

رنَّ الهاتف... الساعة تقارب الخامسة عصرًا.

قطع الرنينُ انغماسَ خالد بالأخبار وغرقه بين القنوات. نهض ليرد على المتصل، فإذا به موظف من سفارة بلاده، يتصل ليطمئن على أحوال نورا وعائلتها.

أجابه خالد: «أنا زوجها».

ثم أنصت جيدًا إلى المتصل، وردَّ بالقول: «إن شاء الله... إن شاء الله...».

تغير لون وجهه، فالاتصال جعله يستشعر الخوف بحق، وأدرك أن خطرًا كبيرًا وحقيقيًّا يُحدق به وبعائلته لأنهم غرباء عرب، غرباء الجنسية والعادات والدين. لا يعرفون كيف ستكون نظرة المجتمع الذي يعيشون فيه الآن تجاههم بعد الذي حدث! فكلاهما غريب عن الآخر... نورا وعائلتها، والمجتمع الأمريكي.

تناول خالد قلمًا من فوق المنضدة، وبدأ بالكتابة على ورقة إلى جانب الهاتف المُعلَّق في المطبخ، ثم أغلق الخط.

عاد ليكمل غداءه، فسألته نورا: «من المتصل؟»

فأجابها محاولًا إخفاء قلقه، كي لا يخيفها: «إنه موظف من السفارة».

فاستطردت: «وماذا يريد؟»

ردَّ قائلًا: «نبهني إلى أنه يجب على المحجبات ألا يخرجن من منازلهن إلا للضرورة القصوى... وزودني برقم للطوارئ نتصل به في حال حدوث أي طارئ لا قدر الله».

فسألت نورا مرتبكة وخائفة: «لِمَ كل ذلك؟»

خالد: «قال إن ردود فعل غاضبة وقاسية ضد العرب تحصل، وإن لباس المحجبات دليل واضح على أنهن مسلمات عربيات».

ثم صمت برهة، وقال: «غدًا لن تذهبي إلى الجامعة».

اشتد قلق نورا، وبدأت تستوعب عظم الحدث، وتأثيره الكبير عليهم.

تتجنب نورا مناقشة خالد في أثناء انفعاله، فهي تعرف زوجها جيدًا، وقادرة على تمييز مدى غضبه واضطرابه. وحيال هذا الوضع الذي يعيشه حاليًّا، وجدت أن من الواجب عليها أن تلتزم الصمت، كي لا يشتد غضبه ويزداد توتره.

خيَّم الصمت على منزل نورا وخالد، فلا يُسمع صوت فيه، إلا صوت مذيع «فوكس نيوز» الذي يعرض تقارير تحلل حادث ضرب البرجين. ها هو الآن يتحدث عن أسامة بن لادن زعيم تنظيم القاعدة، ويحبك الحكاية ويرويها، ويُخبر المشاهدين أن جمعًا من العرب القادمين من أفغانستان استطاعوا خطف أربع طائرات أمريكية مليئة بالركاب، وتمكنوا من التحليق بها، واصطدمت اثنتان منها بأعلى برجين تجاريين في الولايات المتحدة!

كلام لم تستسغه نورا، وصعب عليها تصديقه أو الاقتناع به، فكسرت حاجز الصمت قائلة: «ولا في ألف عام! مستحيل، لا يستطيعون فعلها!»، وقصدت بذلك بن لادن وجماعته.

فرد خالد مؤيدًا رأيها: «هذه القناة (يقصد فوكس نيوز) مدعومة من اليهود، ومن صالحهم الإطاحة بالعرب، ومن أبرز أهدافهم تشويه صورتهم أمام العالم أجمع».

قاطعته نورا قائلة: «لكن العرب لا يستطيعون التخطيط لمثل هذا العمل الدقيق والمعقد! وما لا يمكن لأي عقل تصديقه... أن يُقْدِم العرب على فعل مثل هذا! وأين؟ في أمريكا؟!»

قالت ذلك وهي في قمة ذهولها! لكنها في الوقت نفسه استهزأت بالتفسير الذي اعتمدته القنوات الإخبارية، وسخرت من اتساع مخيلة المحللين!

فرغ الولدان من تناول غدائهما، بينما خالد ونورا ما يزالان جالسين أمام الطعام، فاليد تأكل، والعين تراقب، والذهن يشرد بين حين وآخر!

بغير حماس، نقلت نورا الأطباق إلى المطبخ، وطوى خالد مفرش السفرة، وناوله لإبراهيم قائلًا: «ساعد أمك يا ولدي». فحمل إبراهيم المفرش الملفوف حول بقايا الأكل، ورماه في سلة القمامة.

التفتت نورا إليه، وقالت: «هيا يا عزيزي... سنبدأ درس اللغة العربية».

حاولت نورا أن تمارس حياتها الطبيعية مع طفليها... وحاولت جاهدة أن تتناسى قلقها وتوترها أيضًا... ولأنها أم متفانية وتهتم بأدق التفاصيل الخاصة بولديها، كانت تسعى للحفاظ على مستوى جيد للغتهما العربية خصوصًا أنهما في سن صغيرة؛ فإن دراستهما في مدارس أمريكية حكومية تحتم عليهما الانخراط في المجتمع الأمريكي والانغماس في لغته والابتعاد عن لغتهما الأم. ولذا أحضرت معها كتب اللغة العربية من الخليج.

تتخوف نورا من أن يفقد ابناها عروبتهما، أو أن يتأخرا في دراستهما للغة العربية والدين الإسلامي، فتتولى بنفسها تدريس إبراهيم، وترسله أيام السبت إلى المدرسة السعودية لمدة ساعتين، ليتعلم القرآن الكريم ويحفظه، فهي تؤمن بأهمية ذلك وضرورته.

أجابها إبراهيم: «بعد قليل يا أمي... فأنا متعب الآن».

ردَّت عليه بحنان: «تمام... كما تريد، سنؤجله قليلًا».

فرح بذلك، ونزل وشقيقه محمدًا إلى غرفة الألعاب، وشرعا في اللعب والاستمتاع بوقتهما... فهما إلى الآن لا يفهمان عواقب ما يجري حولهما...

عاود خالد ونورا الجلوس أمام التلفاز الذي يضج بمشاهد الذعر والهلع، وبالتفسيرات والتحليلات التي تعدُّ العرب المتهم الأول والأكيد. أخذا يصغيان بتمعن ودهشة، وبرهبة ورغبة؛ رهبة مما سيلحق بهم من أذى نتيجة اتهام العرب، ورغبة في تكذيب ما يحدث، أو على الأقل تكذيب الاتهامات التي توجه نحوهما بوصفهما جزءًا لا يتجزأ من المجتمع العربي.

قطعت نورا لحظة الاندماج بالأخبار قائلة: «ليتنا نستطيع التقاط بث قناة الجزيرة، فهي قناة عربية، ومنها نعرف رأي العرب وتحليلهم لما حدث، وموقفهم من الاتهامات التي تُنسب إليهم».

فأجابها خالد: «نستطيع التقاط بث قناة «المنار».

وردَّت نورا: «لكن من المؤكد أن قناة «المنار» ضد أمريكا، أتعتقد بأن رأيهم سيكون محايدًا!»

بدَّل خالد القناة لمتابعة «بي بي سي». وبعد استماعه لأخبارها، قال: «صحيح أن «بي بي سي» أقل القنوات الإخبارية اتهامًا للعرب بأنهم وراء هذا الحدث، لكن كل القنوات تُجمع على أن تنظيم القاعدة يقف خلف هذا الهجوم المُريب».

قالت نورا باضطراب: «أرجوك يا خالد، غيِّر المحطة، أريد متابعة قناة «المنار» لأعرف ماذا يقولون».

غيَّر القناة، فظهر من يُحلل الأحداث ويصفها بأنها مجرد مؤامرة ضد العرب والمسلمين، وتمثيلية مدروسة ومفبركة لجعل الأحقاد تزيد وتكبر أكثر فأكثر.

انشغلت نورا في تحليل ما سمعته، وقالت بنبرة حزينة وهي تنهض لتطمئِن على صغيريْها: «كيف يمكن أن يكون ما حصل تمثيلية؟! وتلك الجثث! وحجم الدمار! من المستفيد من هذا الفعل؟»

رنَّ الهاتف، ردَّت نورا، فإذا بابنة عمها عائشة، والتي تسكن في مدينة أخرى، تتصل لتطمئن عليهم وتسأل عن أحوالهم.

نورا: «نحن بخير يا عائشة، الحمد لله، لكن لا ندري ما الذي يجري حولنا؟!»

عائشة: «هل تلقيتم اتصالًا من السفارة؟»

نورا: «نعم... وأبلغونا أنه لا داعي لخروج المحجبات من البيت إلا للضرورة القصوى».

قاطعتها عائشة: «نعم، وأنصحك بألا ترسلي الصغيرين غدًا إلى المدرسة».

نورا: «لماذا؟»

عائشة: «الوضع حاليًا لا يطمئن، وأخشى أن يتعرض الأطفال لكلام جارح في المدرسة، أو للضرب والأذى! أنصحك بأن تتجنبي حدوث ذلك، وامتنعي عن إرسال إبراهيم ومحمد إلى المدرسة على الأقل حتى نهاية الأسبوع. علَّ الأمور تهدأ في الأيام القليلة المقبلة، فيعودان مجددًا إلى الدراسة».

استرسلت عائشة في سرد قصص وحوادث عن مضايقات تعرض لها العرب والمسلمون في الولايات الأمريكية المختلفة.

وقالت: «تعلمين يا نورا، أن مجموعة من الأمريكيين في ولاية أريزونا، أقدمت على قتل رجل من السيخ، ظنًّا منهم أنه مسلم لأنه كان يرتدي عمامة، مثل تلك التي تشبه عمامة علاء الدين!»

قهقهت عائشة، ولكن نورا لم تجد في القصة ما يُضحك على الإطلاق! استمرت عائشة في سرد قصص عن تعرض بعض المحجبات لمضايقات كلامية مثل: «ارحلن...ارجعن إلى بلدانكن... مجرمات... قتلة...».

استوقفتها نورا متسائلة: «هل هذا الكلام صحيح؟ وهل أنت متأكدة؟»

أجابتها عائشة: «الناس يتناقلون تلك الأخبار». قلقت نورا مما قالته عائشة، وسيطر عليها شعور الخوف مجددًا، فأقفلت الخط، وعقدت العزم على ألا يخرج أحد منهم من البيت إلى أجل غير مسمى.

مضت فترة العصر وبعدها المغرب، وكان خالد ونورا ما يزالان متسمِّرين أمام التلفاز، كأنهما لوحة ثابتة لا تكاد تتحرك، إلا عند تقليب قنوات البث.

رن الهاتف مرة ثالثة، نهض خالد ليجيب، وكذلك نهضت نورا للاطمئنان على ولديها، فقد حان موعد عشائهما. تملَّكها شعور بتأنيب الضمير والتقصير في حق ابنها إبراهيم، لأنها انشغلت عن تدريسه اللغة العربية اليوم.

نادتهما من فوق الدرج: «إبراهيم... أحمد».

محمد: «نعم يا أمي».

نورا: «ألم تكتفيا من اللعب حتى الآن؟»

محمد وإبراهيم بصوت واحد: «لا».

ابتسمت، وسألتهما: «ماذا تريدان أن تتناولا في العشاء؟»

إبراهيم: «شطيرة بيض».

نورا: «تمام... سأجهز الطعام إذًا، وأناديكما».

انتبهت نورا إلى أن خالدًا يتكلم بتحفظ وبصوت منخفض مع شخص ما عبر الهاتف، فسألته بإشارة من يدها: «من المتصل؟»

فكتب لها على ورقة: عبد الرحمن. وعبد الرحمن أحد أقرباء نورا وصديق خالد، ويعيش في ولاية أمريكية أخرى.

أنهت نورا إعداد شطائر البيض للصغيرين، وكان خالد ما يزال يتحدث مع عبد الرحمن. استمر الاتصال نحو عشر دقائق، وبعد أن أقفل الخط، سألته نورا وصوتها يرتعد: «لعله خير ... ماذا أخبرك عبد الرحمن؟»

أجابها خالد: «قال خذوا حذركم وحيطتكم، فخطوط الهواتف جميعها تحت المراقبة. ونصحني بعدم التكلم مع أحد، وألا نخرج إلا لسبب ضروري».

واستطرد: «أخبرني أيضًا أنه بإمكاننا مشاهدة قناة الجزيرة عبر البث الحي».

همهمت نورا: «لا أصدق... مستحيل!»

فبالنسبة لها كأن ما حدث ويحدث ضرب من الخيال، أو كابوس تتمنى الاستيقاظ منه، وتكاد تجزم أنه من المستحيل أن يكون الفاعلون عربًا!

حضر الولدان، وجلسا إلى طاولة الطعام وباشرا تناول عشاءيهما. جلست معهما بهدوء، في انتظار أن ينهيا وجبتيهما، كي تُمهِّد لهما حديثها عما حدث اليوم.

وقالت: «هل علمتما بما حدث في أمريكا اليوم؟»، ثم صمتت لبرهة كأنها تنتظر منهما إجابة.

لم يكترث الولدان لما قالته أمهما، فحاولت مجددًا لفت انتباههما. ولأنها في قرارة نفسها ليست على يقين تام مما حدث ويحدث، فقد فكرت في الوجه الآخر المفرح في كل هذا بالنسبة للصغيرين.

وقالت ببهجة: «لن تذهبا إلى المدرسة غدًا».

هتف الولدان من الفرح، وهو الرد الطبيعي للأطفال أيًا كانت ثقافتهم أو بيئتهم أو لغتهم أو دينهم.

حاولت نورا أن تتمالك نفسها، وأن تكون على طبيعتها تمامًا مع طفليها. لكنَّ محاولاتها لم تنجح كثيرًا، لكونها في الحقيقة متوترة ومشوشة التفكير، تشعر وكأن يديها مقيدتان، وكأن عقلها متوقف عن التفكير. فهذا صوت مذيعي الأخبار يزيد من توترها، والاتهامات الموجهة إلى العرب والانتقادات المنصبَّة عليهم تنهكها وتزعجها إلى أقصى الحدود.

طلبت من ولديها بهدوء مصطنع ومُفتعل، أن يصعدا إلى غرفتهما، وينظفا أسنانهما، ويلبسا ملابس النوم، فقد حان وقت نومهما. ثم عادت لتشاهد التلفاز مجددًا، وسألت خالدًا إن كان يريد أن يأكل شيئًا!

فقال: «ليس الآن، لا أشعر بالجوع».

مشاعر الضغط الكبير والحزن العميق تلازم نورا... فهي تكرر للمرة الألف في نفسها: «لا... مستحيل! لا يستطيعون فعل ذلك!»

ناداها محمد من الأعلى: «أمي... نحن جاهزان للنوم».

هرعت إلى غرفتهما، وقبلتهما قبلة المساء لتشعرهما بالحب والأمان، ثم شدت الغطاء على بدنيهما الصغيرين. وشرد ذهنها قليلًا: «هل بإمكانهما أن يدركا ما يحدث؟»

تملكتها الرغبة في أن تسألهما، ثم ترددت خشية أن يُقلق الحديث نومهما أو يُدخل الخوف إلى قلبيهما الصغيرين، وفضلت تأجيل ذلك حتى الصباح كي ينعما بنوم هانئ دون تفكير أو قلق.

ابتسمت ابتسامة مزيفة، وقالت بابتهاج غير صادق: «سيكون يوم غدٍ بطوله يومًا للعب... لن تكون هنالك دراسة».

وتابعت: «أما أنت يا إبراهيم... فستأخذ درسًا في اللغة العربية فقط».

ابتسم الصغيران ببراءة، فقد أسعدتهما كلمات أمهما.

أطفأت نورا الضوء، وغادرت الغرفة تاركةً الباب مواربًا، ليدخل منه بعض النور. وأمضت وزوجها ليلتهما أمام شاشة التلفاز، يقارنان الاختلاف في الطرح بين قناة أجنبية وأخرى، ثم يقارنان تلك الطروحات بطريقة تحليل قناة الجزيرة، التي يشاهدانها عبر جهاز الكمبيوتر القديم المتربع في المساحة الفاصلة بين غرفتي الجلوس والطعام.

الحلم المشؤوم

في صباح اليوم التالي، الثاني عشر من سبتمبر، استيقظت نورا فزعة، وهي تردِّد: «بسم الله الرحمن الرحيم... بسم الله الرحمن الرحيم... أعوذ بالله من الشيطان الرجيم... أعوذ بالله من الشيطان الرجيم».

تلفتت حولها، فرأت خالدًا نائمًا، وكان إبراهيم واقفًا عند باب الغرفة ينظر إليهما.

نادته: «تعال يا عزيزي... لمَ أنت مستيقظ؟»

ركض واختبأ بين أحضانها، فطبعت قبلة على جبينه، وقالت له: «عد إلى غرفتك يا عزيزي، وأكمل نومك».

استيقظ خالد على صوت حديثهما، فانتظرت نورا حتى عاد إبراهيم إلى غرفته، وقالت لزوجها: «سوف تنقلب الأمور علينا، وسينقلب حالنا رأسًا على عقب!»

نظر خالد إليها باستغراب، فهو ما يزال تحت تأثير النعاس، ولا يدرك ما تقول. فتابعت: «بالنسبة للأحداث التي فعلها العرب أمس».

سألها خالد وهو يحاول فتح عينيه بصعوبة: «وما أدراكِ؟»

فأجابته: «الليلة حلمت بخالي سعد».

ردَّ خالد مستهجنًا: «وما دخل خالك سعد بالموضوع؟»

أجابت نورا: «رؤية خالي سعد في المنام لا تنبئ بالخير، فأمي دائمًا تقول إن رؤيته في المنام نذير شر، لأنها حلمتْ به سابقًا، وفي اليوم التالي للمنام

أغلق المطار في لبنان ولم يستطيعوا العودة من هناك! أخشى أن يكون حلمي إشارة سيئة لما سيحدث معنا».

فقال: «هدئي من روعك، وعودي إلى النوم».

استلقت نورا وقد سيطر عليها الانزعاج، وانقبض قلبها، وتسارعت دقاته خوفًا.

قاربت عقارب الساعة السابعة صباحًا، ومع فارق التوقيت، وجدت أنه من المناسب أن تهاتف والدتها الآن، وتخبرها بما حلمت به. نزلت إلى الطابق الأرضي بثياب نومها الزرقاء المريحة، واتصلت بوالدتها. كان نبض قلبها يشتد ويقوى مع كل رنة من رنات الهاتف.

وصلها صوت والدتها: «ألو».

نورا: «أمي... كيف حالكم أنت وأبي وإخوتي؟»

أم نورا: «نحن بخير الحمد لله... هل أنتم بخير يا بُنيتي! سمعت في الأخبار أن طائرتين ضربتا برجين... كيف هي الأوضاع لديكم؟»

طمأنتها نورا: «اطمئني يا أمي... الأحداث بعيدة عنا... نحن بخير والحمد لله».

وأضافت: «أتعلمين يا أمي... البارحة حلمت بخالي سعد».

الأم: «عساه خيرًا... وبمَ حلمتِ؟»

نورا: «أتذكر جيدًا يوم ذكرتِ لي يا أمي أنه أتاكِ في الحلم، وفي اليوم التالي أُغلق مطار بيروت الدولي، ولم تتمكنوا من العودة... أليس كذلك؟»

أم نورا: «نعم يا حبيبتي... والله لقد كان يومًا عصيبًا علينا يا بُنيتي... وخالك سعد سلَّمه الله شرٌّ في الحلم...

أخبريني ماذا رأيت؟»

نورا: «رأيت أن خالي سعدًا يجبرني على شرب كوب كبير من الحليب، لم أكن أرغب في شربه، وكنتِ يا أمي تقفين خلفه، وأنا أستنجد بك وأطلب منكِ أن تمنعيه عن ذلك، وأتوسل إليك أن توقفيه عن إجباري على أن أشرب الحليب. ومع أنني رحت أكرر: يا أمي إنه حليب خنزيرة... يا أمي إنه حليب خنزيرة! فقد كنتِ تشيرين لي بيدكِ قائلة: اشربيه... اشربيه! فشربته وأنا مُجبرة... وفجأة، فاض الحليب من أطراف أصابعي... ففزعت. ثم استيقظت وأنا مذعورة جدًّا».

حاولت أم نورا تهدئة ابنتها: «خيرًا إن شاء الله... خيرًا إن شاء الله».

نورا: «أشعر أن هذا الحلم إشارة إلى ما نحن فيه الآن -أقصد الهجوم بالطائرات- وإلى أن المصيبة سوف تسقط فوق رؤوس العرب... من الممكن أن يكونوا هم الفاعلين، والله إن قلبي ليؤلمني، ولا أدري ماذا أفعل!»

أم نورا: «يا عزيزتي إن كنتم لا تشعرون بالأمان، فعودوا إلى بلادكم».

نورا: «لم نلبث أن وصلنا إلى هنا يا أمي... فكيف نعود؟! اليوم وغدًا سنتغيب عن دراستنا، وبعد ذلك نرى ماذا سيحدث... ادعِ لنا يا أمي، فنحن بحاجة إلى دعائك جدًّا».

أم نورا: «في حفظ الله ورعايته... أخبريني عنكم أولًا بأول، ولا تتأخري عليَّ بالاتصال حتى لا أقلق عليكم».

نورا: «إن شاء الله يا أمي... سوف أكلمك قريبًا».

أم نورا: «مع السلامة يا بنيتي، في حفظ الله».

تجمدت نورا في مكانها، وقلبها يعتصره الألم، والحيرة تشغل تفكيرها. لا تدري ما يجب عليها فعله الآن، فعقلها ينسج أفكارًا سوداوية مُشوَّشة، نابعة من الظروف التي تعيشها. أخذت نفسًا عميقًا، ثم صعدت إلى غرفتها وألقت برأسها على صدر زوجها، علَّها تستشعر بعض الأمان في جواره.

لحظات ودقائق قليلة عاشتها نورا في بيئة آمنة جميلة وهي تشعر نحو زوجها بامتنان، لكن ذلك لم يمنع شعورها بالخوف من المجهول من أن يطغى على هذه اللحظات الجميلة، فينتزع لذتها ويسرق طمأنينتها.

تأرجحت الأفكار السلبية في عقلها، لكن نورا كانت تقطع أفكارها البائسة لتعود وتشعر بطعم الدفء في حضن زوجها، وتحث نفسها على النوم، لا سيما أن العائلة لن تخرج من البيت اليوم.

غفت لتستيقظ على ضجيج إبراهيم وأحمد وهما يلعبان، ولكنها حاولت العودة إلى النوم مرة أخرى.

نزل الشقيقان إلى غرفة اللعب، فاليوم بالنسبة لهما مثل العيد... يوم إجازة غير متوقع... يوم لا واجبات فيه ولا إلزام بالدراسة.

شعر محمد بالجوع، فخطرت ببال إبراهيم فكرة، وسارع إلى المطبخ، ولحق به شقيقه. استعان إبراهيم بسلم صغير، فتسلق درجاته بقدميه الصغيرتين، وأخرج من الثلاجة فطائر الفراولة المثلجة.

إبراهيم طفل لطيف، لكنه مشاغب ومُحب للمغامرات، ويسعى إلى تجربة كل شيء جديد بالنسبة له، دون أن يكترث إن كان ذلك مسموحًا له أم لا. فقد رأى أمه ذات يوم وهي تخرج الفطائر من الثلاجة وتضعها في حمَّاصة الخبز، ولذلك قرر أن يجرب الأمر بنفسه، دون مساعدة والدته.

قال محمد: «سوف تغضب والدتنا إن علمت بما فعلت».

فردَّ إبراهيم: «لا تخف يا محمد، اعتمد عليَّ، فأنا أعرف كيف أقوم بذلك». وبالفعل وضع الفطائر المثلجة في الحمَّاصة.

في تلك الأثناء، تململت نورا في سريرها، فلم تسمع صوتًا أو همسًا. وكان خالد ما يزال مستغرقًا في النوم، فنهضت لتطمئن على الصغيرين. وجدت إبراهيم جالسًا على منضدة المطبخ، ورأت الفطائر في الحمَّاصة.

قال محمد: «إبراهيم... إبراهيم... أمي جاءت...».

كان بود نورا معاقبة إبراهيم لخوفها عليه من إيذاء نفسه أو التسبب في إيذاء أخيه، لكنها ابتسمت معجبة بهما، ابتسامة الأم الحنون التي تشعر بأن ابنيها يكبران، ويبدآن في الاعتماد على نفسيهما.

سألتهما: «ماذا تفعلان؟»

إبراهيم: «شعر محمد بالجوع، فقررت أن أحضر له شيئًا ليأكله».

نورا: «يا صغيري الحبيب... أخاف أن تؤذي نفسك أو تُحرِق يديك».

أحضرت صحنين، ووضعت الفطائر فيهما. ولفت يديها حول خصر إبراهيم النحيل، فلفَّ ذراعيه حول عنقها، وأنزلته عن المنضدة. وجلس الطفلان إلى طاولة الطعام، وبدآ في تناول الفطائر، مع كوبين من الحليب أيضًا.

تهتم نورا بأن تقدم لصغيريها حاجتهما اليومية من العناصر الغذائية التي تساعد في بناء جسديهما الصغيرين.

وبعد أن بدلت ملابسها، وعادت لتتفقدهما، وجدتهما يستكملان وجبتهما، فغمرتها السعادة ومشاعر الاطمئنان. فكرت في طفليها المهذبين، وفي بيتها الجميل، وفي حياتهم الهانئة؛ فهذا جُلُّ ما تحتاج إليه الآن.

وما هي إلا لحظات، حتى قطعت فرحتَها العارمة ولحظاتها الهادئة ومشاعرها الجميلة، مسحةٌ من الكآبة وفوضى من الأحاسيس حين تذكرت أحداث الأمس. أدارت التلفاز، فإذا بالمذيعين والمحللين السياسيين ما برحوا يعيدون ذكر الحدث ذاته، ولا يضيعون جهدًا في التحليل والتمحيص والتدقيق فيما حصل، ولا يتراجعون عن اتهام أسامة بن لادن... بل يعرضون أسماء مختطفي الطائرتين وعددهم تسعة عشر خاطفًا... تسعة عشر اسمًا كلهم من العرب... أغلبهم من الخليج. جميع التحليلات والمؤشرات تقلق نورا وعائلتها، كونها من دولة عربية خليجية.

انقبض قلبها مجددًا، وتذكرت حلمها، وخافت على مصيرها هي وأولادها في هذه البلاد الغريبة. وتساءلت:

«يا ترى ماذا سيفعلون بنا؟! كيف سيعاملوننا؟!

هل سيؤذوننا؟!

ومن هم هؤلاء المنفذون؟!

بل من نحن في هذا العالم الغريب؟!

ولماذا هذا الخوف من الآخر الغريب؟!

لماذا خوفنا نحن من الآخر الغريب؟!

ألسنا نحن الآخر الغريب بالنسبة لهم أيضًا؟!

ألا يهابنا الآخر كما نهابه؟!

ألا يخافنا مثلما نخافه؟!

هل نشعر حياله مثلما يشعر تجاهنا؟!»

صحيح أن نورا في ريعان شبابها وفي بداية عشرينياتها، إلا أنها حديثة العهد بالتعامل مع الآخرين والاختلاط بهم. فهذه أول تجربة لها، وهي ثاني رحلاتها خارج حدود الخليج العربي منذ أن وُلدت. والبيئة التي عاشت وترعرعت فيها محافظة، وليس فيها فسحة للتعامل مع الغريب، وهو ما جعل خبرتها في التعامل مع الغرباء عنها في الفكر والمذهب والعرق تكاد تكون محدودة.

البيت السجن

تركت نورا التلفاز مفتوحًا، واتجهت نحو المطبخ لتعد الإفطار. إنها العاشرة صباحًا، وقد تأخر الوقت على موعد فطورهم المعتاد. وإذا بخالد يقترب منها ويسألها بحب: «كيف حالك اليوم يا عزيزتي».

أجابته بصوت خافت: «بخير... لقد هاتفتُ أمي صباح اليوم... وأوصتني بأن أوصل لك سلامها».

خالد: «سلمها الله... كيف حالها؟»

نورا: «قلقة علينا جدًّا، وتسأل عن الأخبار».

خالد: «وماذا أخبرتها؟»

نورا: «أخبرتها بأننا بخير، وبأن ما حدث بعيد عن مكان سكننا».

ثم أضافت: «لكن أنا خائفة جدًّا».

أجابها محاولًا إخفاء قلقه: «خير إن شاء الله...لا تقلقي، لن يحدث إلا الخير».

قاطعته بحدَّة: «لا أظن أن خيرًا سيحدث أبدًا... فقد حلمت البارحة بخالي سعد، وهذا نذير شؤم».

ثم طأطأت رأسها بحزن، واغرورقت عيناها بالدموع، وأوشكت على البكاء.

تظاهر خالد بعدم القلق مجددًا، وقال لها: «لا تستعيدي ذلك الحلم ولا تحاولي تفسيره... إنه مجرد حلم يا عزيزتي». ثم اتجه نحو التلفاز مهمهمًا: «ماذا أعددت لنا على الإفطار؟»

شغلت نورا نفسها بإعداد وجبة الفطور، ووضع بعض الأطباق على طاولة الطعام.

ناداها خالد: «أحضري الأطباق إلى هنا، كي نتابع الأخبار ونحن نتناول الفطور».

نقلت نورا الأطباق، وقد أثقِل صدرها بحمل كالجبال! حملٌ أطبق على أنفاسها، فأحست بثقل خطواتها بين المطبخ وغرفة الجلوس.

سألها خالد: «هل أساعدك؟»

فردَّت نورا: «لا، كل شيء جاهز».

سارعت الخطى لئلا تتأخر أكثر في جلب الفطور له. وواصلا متابعة الأخبار في غرفة الجلوس ذات النافذة الكبيرة المطلة على حديقة المنزل الخضراء. وتابعا رصد الأنباء بقلق، وكلاهما يخشى القادم المجهول!

عاد خالد من جديد إلى تقليب القنوات الإخبارية ما بين «فوكس نيوز» و«بي بي سي» و«المنار»، ومع كل ضغطة زر يضغطها على جهاز التحكم، يعتصر قلبه ألمًا وخوفًا من توقعات الغد وما يخبئه لهم من مفاجآت.

تُواصل جميع القنوات تأكيدها وجزمها بأن مختطفي الطائرتين هم من العرب المسلمين المنتمين إلى تنظيم القاعدة، وما تزال تستعرض أسماء المنفذين وصورهم وتفاصيل الأحداث.

اجتاح الألم قلب نورا، فالأمور تزداد سوءًا، وهذا ما ظنته بعد كل ما رأته من دمار وحزن عبر الشاشات. حبست عبراتها... واختنقت أنفاسها... وسرحت في بحر من الحزن، وراحت تتخبط فيه مقيدة بقيود متينة يصعب عليها التحرر منها. هذا كله بضع ما كانت تشعر به، إذ إنها لم تكن تعلم ما يتوجب عليها فعله، ولا تعرف الطريقة الحكيمة والمثلى للتعامل مع وضع كهذا.

اجتازت تخيلاتها، وعادت إلى الواقع مرة أخرى لتواجه قسوته. تعالى النقاش واحتدم في قناة «فوكس نيوز»، فقالت لزوجها: «إنهم عنصريون للغاية في نقاشهم، فلنتابع «بي بي سي» من فضلك، ربما كانت أفضل».

وتابعت كلامها بصوت مكسور: «والله إن قلبي يؤلمني لما يتعرض له المسلمون الآن من إساءات لفظية! أتعتقد أننا سنتعرض نحن لمثل تلك الإساءات أو الاعتداءات جرَّاء ما حدث؟!»

صمت خالد ولم يجِبها البتة، فتزايد قلقها وتوترها. إنها بحاجة لأن يطمئنها، ولو بتمنيات مزيفة وكلمات مهدئة، بأن كل شيء سيجري على ما يرام، وأنها وعائلتها وغيرهم من العائلات المسلمة والعربية التي تقطن في أمريكا ليسوا بمذنبين، ولذلك لن ينال الأذى منهم.

شعرت نورا بأنها تنهار من داخلها، وبأن كل آمالها وخططها التي تركت موطنها وأهلها وأتت من أجلها إلى أمريكا تتحطم. نادت محمدًا وإبراهيم، وما لبثت أن سمعت طرق خطواتهما الصغيرة تتسارع صاعدة على الدرج.

ردَّ محمد بلطف وحنان: «نعم يا أمي».

فقالت: «تعالَ لتأكل يا حبيبي».

تردد الصغيران، إذ إنهما لم يعتادا تناول الطعام في غرفة الجلوس. أجلست محمدًا في حجرها وأجلس خالدٌ إبراهيم إلى جانبه. أعطت نورا قطعة من الخبز مع قليل من البيض لمحمد، وحضَّرت لقمة أخرى لإبراهيم.

فسأل محمد والأكل في فمه: «لماذا لم نذهب إلى المدرسة اليوم يا أمي؟»

تبادل الزوجان النظرات الحائرة، واستدركت نورا الموقف، قائلة: «لا تتكلم والأكل في فمك يا بني».

فسأل إبراهيم: «أمي... أجيبينا. لماذا؟»

تدخل خالد قائلًا: «يا بُني العزيز، سنبقى في المنزل في اليومين القادمين، ولن نخرج لأي مكان».

تساءل إبراهيم ببراءة: «لماذا يا أبي؟»

ردَّ خالد: «هنالك مشكلة الآن في أمريكا... انظر»، مشيرًا إلى التلفاز الذي يعيد ويكرِّر عرض مشهد اصطدام الطائرة بالبرج في نيويورك.

تفاجأ إبراهيم وسأل مندهشًا: «لماذا؟»

قال خالد: «لا ندري يا بني لماذا... لكن سنبقى في منزلنا إلى أن نعلم السبب».

محمد: «ولِمَ نبقى في منزلنا؟ نحن لم نفعل شيئًا من ذلك!»

استغربت نورا لتعليق محمد، إذ كانت تظن أنه لا يعي بعد ما كان يُقال!

خالد: «نعم يا بُني.. بالتأكيد لم نفعل شيئًا... لكن الاحتياط واجب علينا».

أقلق ردُّ خالد نورا، وأخذت تفكر فيما قال وهي تتساءل: «الاحتياط من ماذا؟ ولماذا؟!»

تناول الصغيران اللقمة بعد اللقمة، وعيون الجميع معلَّقة بالشاشة. فمنذ لحظات قصيرة صار للتلفاز مشاهدون جُدد في البيت، وللأخبار متابعون ومتربصون غير نورا وزوجها، إنهما محمد وإبراهيم وقد انضما لمتابعة الأحداث مع والديهما.

مرَّت ساعات ذلك اليوم كالأيام الطوال الثقال. وكانت عيون نورا وخالد لا تحيد عن التلفاز. تابعا كل تقرير إخباري بتمعن وروية، وكأنهما ينتظران أن يبرئهما أحد من جُرم لم يرتكباه، وذنب لم يقترفاه! عاد الطفلان للعب، وأمضيا ساعات يومهما يتراكضان ذهابًا وإيابًا، وصوت دعساتهما الصغيرة تُسمع في الأرجاء.

احتسى خالد ونورا القهوة بصمت مُطبق كوبًا بعد كوب، وكأنهما أخليا الجو لأصوات محللي الأخبار بلكنتهم الأمريكية، ولضحكات الطفلين اللاهيين.

نهضت نورا عن مقعدها بغضب وكآبة، وقد تيبَّست أطرافها من كثرة جلوسها أمام التلفاز. وهمهمت بصوت عالٍ: «من الأفضل ألا أظل لوقت أكثر أمام هذا الكم من التوتر ... سأجهز وجبة الغداء».

تأخرت نورا في إعداد وجبة الغداء اليوم... فروتين البيت قد تبعثر، ونظامه المعتاد قد اختل. وفضلت هي أن تشغل نفسها، وتبعد تفكيرها ولو قليلًا عما يدور حولها، وانهمكت في غسل الخضراوات وتقطيع الدجاج. ولكن عقلها أبى أن يتغيب ولو لبُرهة عن أحداث الساعة، وعاد لاستحضار صور انفجار البرجين، وصور الأفغان العرب، وصوت أسامة بن لادن؛ فما وجه الارتباط في كل ذلك؟! لا تكاد تفهم أو تستوعب!

تركت الأكل على النار واسترقت النظر إلى الشاشة، لتنغمس في الدوامة ذاتها... الصور الرتيبة نفسها، الكلام المُمل نفسه، ولكن بعبارات مختلفة وبعدائية أشد من ذي قبل.

وما إن جهزت الطعام، حتى نادت صغيريها: «إبراهيم، محمد... هيا الطعام جاهز... اغسلا أيديكما، وساعداني في تجهيز الأطباق».

هرول الطفلان وتدافعا نحو مغسلة المرحاض الصغير.

صرخ محمد: «هذا مرحاضي».

فنادت نورا إبراهيم: «تعال يا حبيبي، اغسل يديك هنا»، مشيرة إلى مغسلة المطبخ. هرول نحو أمه، فرفعته إلى المغسلة، وقبلته وهي تراقبه كيف يغسل يديه. وطلبت منه أن يأخذ المفرش من الدرج. وهكذا تقاسم الصغيران المهام، فإبراهيم مدَّ المفرش على الأرض، ومحمد نقل الأطباق.

قطع خالد جلسته التي دامت أربع ساعات متواصلة أمام الشاشة الكبيرة؛ غسل يديه وساعد زوجته في نقل الغداء من المطبخ. تحلقت العائلة على الأرض وشرع الجميع في تناول الطعام. وكانت الأصوات الصادرة من قناة «فوكس نيوز» تدوِّي وتصدح في أنحاء المنزل.

وفجأة، لاحظ الزوجان أن تبدلًا طرأ على الحوارات، وأن المذيع راح يتكلم عن عدد المبتعثين العرب في الولايات المتحدة الأمريكية، وعن مدى خطورتهم على أمن أمريكا! فإذا بوجه نورا قد اصفر من الدهشة، وبادلت زوجها نظرات قلقة. انتبه إبراهيم لنظرات والديه، فهو ولد حساس وسريع الانتباه.

لن أعيش مسجونة!

نام الطفلان بسلام، بعد أن قرأت لهما والدتهما قصة ما قبل النوم. واستعادت نورا بعض الهدوء بعد يومٍ عصيب حافلٍ بالتوتر. استلقت إلى جانب ابنها إبراهيم وراحت تتأمل ابنها محمدًا، وهي تفكر بما يحيط بيتها الجميل من هدوء وطمأنينة وسكينة في هذه المدينة الهادئة.

سكون... هدوء... لطف... سعادة... أمومة... دفء... أمان... هذه بعض المشاعر التي تحلق في فضاء بيت نورا في هذه اللحظات الليلة.

بعد أن تأكدت نورا من أن ابنيها استغرقا في نومهما، تسللت خارجة من الغرفة على أطراف أصابعها بكل هدوء كي لا توقظهما. وعادت إلى غرفة الجلوس، لتجد خالدًا ما يزال جالسًا في مكانه منذ الصباح.

قالت له بهدوء: «قررتُ أن أذهب غدًا إلى الجامعة... لن أستطيع أن أبقى سجينة هكذا!»

نظر إليها خالد نظرة طويلة حائرة... هابت الموقف قليلًا، فهي غير معتادة على التفوه بما تشعر به، بل من النادر أن يحدث ذلك، لكنها استجمعت شجاعتها، وقالت: «ما يُعرض على التلفاز في الأخبار سوف يصيبني بالجنون... لا أستطيع أن أبقى سجينة في منزلي... وأن أبقى مكتوفة اليدين!»

وتابعت: «لا تزِر وازرةٌ وِزر أخرى... ولا أظن أن هناك خوفًا علينا... بل أرى أن الجميع يبالغون في توقعاتهم بأن الأذى سيصيبنا بعد تفجير البرجين... فنحن لا ذنب لنا... ولا يُعقل أن نوقف حياتنا لمجرد أننا عرب في بلاد غريبة عنا! ثم إن إبراهيم ومحمدًا قد ضجرا من مكوثهما في البيت».

ردَّ خالد: «لعله خير يا نورا».

العشرة بين نورا وخالد عمرها بضع سنوات، ولذلك باتت تفهم جميع ردوده ومعانيها، وتعلم أنه تعوَّد أن يقول لعله خير، إذا لم يكن متأكدًا وواثقًا مما يقول.

استراحت نورا على الكنبة الخضراء المريحة إلى جانب خالد، وإذا بكل التقارير الإخبارية تنحرف باتجاه ذكر عدد الطلاب المبتعثين من الخارج، وتركز على هذا الجانب! مع ذكر الدول التي قدِموا منها! ومدى خطورتهم على الأمن القومي لأمريكا!

بوابة جديدة من القلق فُتحت في وجه نورا بعد ما سمعته، لكنها ظلت تأبى الخضوع والاستسلام أمام كل تلك الأقاويل. وأبت الاستماع إلى المزيد من التحليلات والتقارير التي تعمم المصيبة، وتُلقي بها على رأس العرب جميعهم، أفرادًا وجماعات من دون استثناء!

نهضت قائلة: «سوف أجهز ملابسي، واستعد للغد».

شعر خالد بأنها جادة ومُصرة على الذهاب إلى الجامعة وعلى إرسال طفليها إلى المدرسة!

فقال: «قد يكون دوامكم خطرًا عليكم».

ردَّت: «نحن لم نفعل شيئًا... ولن أبقى محبوسة!»

رنَّ الهاتف، فقطع حديثهما. أجابت نورا، فإذا بجارتها الخليجية تتصل للسؤال عن أحوالهم. وبدا لها أن الأوضاع متشابهة بين أغلب بيوت المبتعثين الخليجيين اليوم. لم يذهب الأطفال إلى المدارس، ولا الطلاب إلى الجامعات، والجميع يتابع التلفاز بكل قلق.

قالت الجارة: «الجميع قلقون بشأن وضع المحجبات في هذه الظروف، فالحجاب يعرِّف بهويتهن الإسلامية بشكل واضح، ومن الممكن أن

يُعرضهن هذا للأذى... وقد سمعتُ أن بعض المشايخ أصدروا فتوى بجواز خلع الحجاب في حال خشيت المرأة المسلمة على نفسها من الأذى... هل سمعت بهذه الفتوى يا نورا؟!»

أجابتها ضاحكةً: «إذا قررتِ نزع حجابك، فأخبريني».

فردَّت الجارة: «لماذا أخبرك؟»

قالت نورا بلطف ممازحةً: «كي أحبس زوجي في المنزل!»

ثم تعالت ضحكاتها... فهي تعلم أن لدى جارتها الخليجية شعرًا طويلًا غجريًّا وجذابًا، وقد تشعر بالغيرة إن رأى زوجها شعر جارتها وأعجب به.

كررت الجارة سؤالها: «هل ستخلعين الحجاب؟»

قالت نورا: «طبعًا لا... لن أخلع حجابي، وسأذهب غدًا إلى الجامعة كالمعتاد».

نورا امرأة ذات مبادئ ثابتة لا تتغير ولا تتبدل، وتجد أن مجرد التزامها بما هي عليه من دين ولباس، واختلافها عن الآخرين هنا، لا يستدعي تعرضها لأي خطر أو عقاب على ذنب لم ترتكبه.

فقالت الجارة: «أتدرين؟ هذا خطر عليك جدًّا».

نورا: «لا أستطيع الاستمرار على هذا الوضع... حبس في المنزل... وأخبار مقيتة... سأموت لو بقيت على هذه الحال!»

ردَّت الجارة: «أطلعيني لاحقًا على سير الأوضاع في حال ذهبت فعلًا!»

نورا: «إن شاء الله»، واستأذنت لإنهاء المكالمة.

خالد: «من كان يُكلمك؟»

نورا: «إنها فاطمة جارتُنا».

خالد: «وماذا لديها؟»

أجابت باستهزاء وهي تصعد الدرج: «أخبرتني عن فتوى تسمح لنا بخلع الحجاب!»

خالد: «إذا كنتِ مصرة على الذهاب إلى الجامعة، فسوف أوصلك حتى باب قاعة المحاضرات».

شعورها بالامتنان لزوجها المحب جعلها تبتسم، وأحست بقلقه عليها، وبمدى عنايته بها.

الرجل الأسمر

صباح الثالث عشر من سبتمبر، داخل حرم الجامعة، سار خالد إلى جانب زوجته بحذر وحرص شديدين. تلفت في كل اتجاه، وخاف أن يتربص بهما أحدهم لأن نورا محجبة، فملامحها وطريقة لباسها يظهران بوضوح بأنها من الشرق الأوسط؛ إذ بات القادمون من هناك، في نظر الجميع الآن، مسؤولين عن الأحداث الدامية في نيويورك؛ والمجتمع الأمريكي مشحون، ويستشيط غيظًا تجاههم.

سارا خطوة خطوة... جنبًا إلى جنب... بثبات ووتيرة سريعة بعض الشيء. وصلا إلى باب القاعة، وتبادلا نظرة طويلة مليئة بأحاديث صامتة كثيرة. قطع خالد تلك النظرة بقوله: «لا تخرجي من القاعة أبدًا... سوف آتي لأصحبك عندما يحين موعد خروجك».

هزت نورا رأسها هزة خفيفة، لتؤكد موافقتها، وأجابته: «بإذن الله».

دخلت نورا قاعة المحاضرات الكبيرة والواسعة، والمهيأة لاستيعاب حوالي خمسين طالبًا، وهذا عدد زملائها في هذه المحاضرة تقريبًا. عُلقت على الحائط المواجه للمقاعد سبورات سوداء تعمل بجهاز التحكم استجابة للمسة الأستاذ المُحاضِر، وقد بيَّضتها الطباشير. وما تزال بعض المعادلات الرياضية والأرقام من الدروس السابقة مكتوبة عليها.

جلست نورا بهدوء دون أن تتفوه بكلمة، فهذا ما اعتادته في الحصص القليلة السابقة. ومثل عادتها أيضًا، استقرت على الكرسي الأخير في أول صف من المقاعد على يسار القاعة. وهكذا تستطيع بالتفاتة منها، وبنظرة

واحدة إن أرادت، أن ترى جميع الطلاب الجالسين إلى يمينها وخلفها. لكن نورا امتنعت عن النظر إلى أحد أو التلفت حولها، فهي اليوم تشعر بالارتباك والخوف، ولا تُريد لفت انتباه الآخرين، كي لا تفضح مشاعرها وتظهر ارتباكها.

وبينما كانت نورا مطأطئة رأسها، وغارقة في أفكارها السلبية، لكونها تجرأت على الحضور إلى الدوام رغم الأجواء المُكهربة، شعرت فجأة بيد تطبطب على كتفها الأيمن!

فزعت فزعًا شديدًا، وتلفتت متوجسة، فرأت رجلًا شديد السمرة، ضخم القامة، ذا ملامح شبيهة بملامح أبناء القارة الإفريقية، ما زاد فزعها أكثر فأكثر!

نتج خوفها بالدرجة الأولى عن استهجانها من جرأة ذلك الرجل الغريب على ملامستها، فالنساء في الخليج لم يعتدن أبدًا على التلامس المباشر مع الرجال الغرباء! وما استدعى توجسها من ناحية أخرى، ظنها أن هذا الرجل يحاول إخافتها، أو أنه ينوي أن يُلحق الأذى بها.

استفاقت من فزعتها على صوته مُحيِّيًا: «السلام عليكم».

كاد قلبها يقفز من صدرها من شدة خوفها، لربطها سلوك الرجل بالأحداث. لكنها حاولت أن تتمالك نفسها، وردَّت بخوف: «وعليكم السلام».

أخذ الطلاب جميعهم ينظرون إليهما بترقب وتخوف... يترقبون ما ستؤول إليه هذه المحادثة، فتوقعات الجميع سلبية، وينتظرون حدوث أمر سيئ... هكذا ظنت نورا.

لم يتفوه الرجل الأسمر بأي كلمة أخرى، بل كانت تعابير وجهه غير مفهومة ولا يمكن تفسيرها، حتى أنه لم يبتسم ولو ابتسامة تُبدد مشاعر الخوف التي تملكت نورا. ما فعله فقط أنه نظر إليها نظرة عميقة جدًّا، لم تجد لها أي تفسير في قاموسها! ثم اتجه نحو كرسيه... وهو آخر كرسي في

الصف الأخير على يمين القاعة، أي في الزاوية المقابلة لها تمامًا... وكأنهما يجلسان عند طرفي قُطر مربع.

الخوف لم يفارق نورا، فجلست دون حراك، وكادت تكتم صوت أنفاسها كي لا يسمعها أحد! كان جسدها بأكمله يرتعش هلعًا؛ ارتجفت يداها، واصفر وجهها، وبردت أطرافها. حاولت أن تضبط انفعالاتها، فهي تعلم أن نظرات من في القاعة موجهة نحوها وتراقبها، ولكنها لم تستطع أن تتمالك نفسها، أو تخفي مشاعرها.

دخل الأستاذ المحاضر إلى القاعة، وألقى التحية على الطلاب... ما زالت ذراعه ملفوفة بالجبس، وبدا كأنه رياضي كُسرت ترقوته! ما زال شعره غير مرتب أيضًا، وملابسه غير رسمية، يرتدي ملابس رياضية كأنه يستعد لممارسة الرياضة، وليس لإعطاء محاضرة في حرم جامعي!

حاولت نورا أن تجد لمظهره البالي عذرًا، وقالت في نفسها ككل مرة: «ربما بسبب الجبيرة لا يستطيع الاستحمام أو ارتداء الملابس الرسمية التي تُقيِّده!»

خطرت هذه التساؤلات على بال نورا ... لكنها ليست فقط كل ما كان يدور في خلدها اليوم؛ فعقلها مشتت وأفكارها مبعثرة، وتشعر بأنها لو نطقت ستتلعثم! الأسئلة تدور في عقلها حول الرجل الأسمر الضخم من دون أن تجد لها إجابة! حتى أنها غير متيقنة إن كانت قد رأت الرجل الأسمر على تلك الهيئة الضخمة بسبب ذهولها وخوفها، أم أنه ضخم في الحقيقة فعلًا!

وتساءلت: «ماذا يريد مني؟ هل سيترصدني ويقتلني عند أول فرصة تسنح له؟ لماذا قال السلام عليكم؟ هل سيتعقبني ويتبعني إلى المنزل، ثم يأتي بصحبة آخرين ليعتدوا علي وعلى أبنائي؟ هل ستدفع عائلتي وغيرنا من العائلات العربية الخليجية، ثمن ما فعله العرب في نيويورك؟»

ثم تابعت أسئلتها المستفزة لمشاعرها، والمثيرة لتوقعاتها السلبية السوداوية التي تجلب الهم والغم:

«المنزل بابه زجاجي، حتمًا سيكسرونه بسهولة؟ أنهرب عائدين إلى بلادنا؟ ماذا أفعل؟ ماذا أقول؟ إن أخبرتُ خالدًا بما حصل فسيغضب ويوبخني! وبالتأكيد سيحملني مسؤولية إصراري على القدوم إلى الجامعة اليوم! هل أخبر السفارة إذًا؟»

صوت ضحكات الطلاب قطع حديث نورا مع نفسها، وأعادها إلى أجواء القاعة، بعد تخبُّطها بين دهاليز أفكارها المظلمة. لم تسمع ما قيل، وما استدعى الضحك! لم تسمع شيئًا مما يدور حولها، بل كانت تنصت إلى حديثها الداخلي فقط! إنها ضائعة في متاهات عقلها، وإن حاولت التركيز لبرهة وفشلت!

عاد عقلها ليُضخم الحدث ويحلله من زاوية تتماشى مع ما سمعته في التحليلات الإخبارية. سمعت عن تعرض أشخاص عرب للعنف والإيذاء، بل إن رجلًا من السيخ يرتدي العمامة قُتل لاعتقاد المعتدين بأنه مسلم! فالإنسان الأمريكي البسيط غير مثقف، وغير مدرك للفروقات بين الشعوب وبين الأديان والمذاهب والأحزاب والأيدولوجيات، لذلك تختلط عليهم الأمور هنا، ولا يستطيعون تمييز هوية الناس بدقة واستبيان انتماءاتهم الدينية من خلال مظهرهم ولباسهم.

تفاجأت نورا بخروج الطلاب من القاعة! هل انتهى وقت المحاضرة؟ لم تشعر بالوقت كيف مضى! ولم تعقل أو تسمع أي كلمة قيلت طوال المحاضرة! ساعة كاملة قضتها في عالم آخر، بعيدة كل البعد عن أجواء المحاضرة والتفاعل معها. ساعة كاملة قضتها تحاور أفكارها المتلاطمة، قبل أن تتلاشى وتتهاوى مع نهاية الدرس!

بقيت نورا في مقعدها لا تحرك ساكنًا. أرادت أن تلتفت إلى الوراء حيث جلس الشاب الأسمر، لكنها ترددت وخافت أن تنظر نحوه. ظلت جالسة حتى وصل خالد، وما إن أطل من الباب، حتى جمعت دفاترها وغادرت القاعة.

لاحظ خالد وجهها المخطوف المصفر، وسألها: «أحدث معك شيء؟»

أجابته بتوتر: «لا ... لا ... لم يحدث شيء».

جرجرت أذيالها وسارت بخطى مثقلة، ثم قالت لخالد: «درس اللغة الإنجليزية غير مهم».

فسألها: «أنعود إلى المنزل إذًا؟»

أجابت: «نعم، بالتأكيد».

اتجها نحو السيارة، ولازمت نورا الصمت، فلم تنطق بأية كلمة أو حرف.

سألها خالد مجددًا: «كيف كان درسك؟»

نورا: «تمام... لكنني متعبة من ضغط الأمس!»

استرقت النظر حولها دون أن تلفت انتباه زوجها. أرادت أن تتأكد إن كان أحدهم يتبعها. والحقيقة أنها أرادت أن تعرف بالتحديد إن كان الرجل الأسمر يسير خلفها ويلحق بها، لكنها لم تره فهدأت بعض الشيء.

في السيارة، قال خالد: لن نذهب للتسوق من «وول مارت» في اليومين القادمين، نصحني أصدقائي بتوخي الحذر، فقد يكون في ذلك خطر علينا. حددي المستلزمات التي سنحتاجها، كي نذهب معًا ونجهز ما يكفي لمدة أسبوعين في انتظار ما الذي سيحدث».

نورا: «إن شاء الله... مع أن ثلاجتنا صغيرة ولا تتسع لتخزين الأكل لأسبوعين».

مع وصولهما إلى المنزل، خلعت نورا حجابها، واتجهت فورا إلى المطبخ، وسألت خالدًا بهدوء غريب: «أتُريد فنجانًا من القهوة؟»

أجابها: «نعم».

باشرت إعداد القهوة الأمريكية لها ولزوجها الذي جلس فور وصوله أمام التلفاز. وعلا ضجيج الأخبار، وعاد توصيف أحداث التفجير ليقرع من جديد أذنيهما. ناولت نورا القهوة لخالد، وجلست قبالته...

سكتت بضع دقائق لتتابع الأخبار، وفجأة قالت له: «أريد أن أخبرك شيئًا!»

لم يُعِر خالد صوتها الهادئ، الذي لا يكاد يسمعه، أي اهتمام!

صمتت قليلًا، ثم عاودت الكرَّة بنبرةٍ أعلى: «تعرضت لموقف مربك في المحاضرة اليوم».

التفت خالد إليها بسرعة... ونظر إليها بعصبية، وسأل: «ما الذي حدث؟»

تلعثمت لعلمها بطبع خالد ومزاجه العصبي، فقد كان يعنفها في بداية زواجهما! خافت من ردة فعله لأنها أصرت على الذهاب إلى الجامعة اليوم، ولم تلتزم بنصيحته لها بالبقاء في المنزل.

خالد: «هل قال لكِ أحدهم شيئًا سيئًا!»

نورا: «نعم... كان في المحاضرة شاب أسمر لا أعرفه... وقف إلى جانبي وقال لي السلام عليكم».

قاطعها خالد: «وماذا أراد منك؟»

فردت: «لا أدري... وذلك ما أخافني!»

انهال عليها بسيل من الأسئلة، لا تعرف إجاباتها: «من يكون؟! هل هو عربي؟! هل هو أمريكي؟! ماذا يريد؟!»

كان يسأل وكانت تكرر هي الإجابة ذاتها: «لا أدري... لا أدري».

فاستشاط غضبًا، وقال وقد تغيرت ملامح وجهه: «نصحتك بألا تذهبي!»

التزم الصمت وعلامات الغضب ظاهرة على وجهه. كانت تعلم أنه سيلومها لأنها أصرت على الذهاب إلى الجامعة. ارتشفت قهوتها وقالت:

«ما رأيك أن نرى ماذا يفعل إبراهيم ومحمد، ونطمئن عليهما!»، في محاولة منها لامتصاص غضبه والتخفيف من حدة توتره. لكن محاولتها باءت بالفشل، وبدا لها أن ضغط اليومين الفائتين قد نالا منه! ظلت هادئة في مكانها، والتزمت الصمت؛ وهكذا مضى يوم آخر، بساعاته الطويلة، ولحظاته الحزينة، وأحداثه الثقيلة. وطغت صورة الرجل الأسمر، مخترقة تقارير الأخبار المزعجة!

كان يوم الطفلين عاديًّا في المدرسة، وبعد أن تناولا وجبة العشاء، خلدا إلى النوم بهدوء. حضَّرت نورا ملابسها استعدادًا ليوم الغد... مع إن مشاعر القلق والتردد كانت تلازمها، وكذلك الأفكار والمخاوف تجاه صورة الرجل الأسمر، التي أبت أن تفارقها، واستمرت في محاصرة تفكيرها. فلم تكن عيناها تقع على شيء، إلا ورأت ذاك الرجل في خلفية الصور والمشاهد! وكأن هيئته انطبعت في مقلتيها، فتلونتا بلونه، وما عادت ترى غيره!

رن الهاتف، فهبَّ خالد ليجيب، فإذا بالجارة تطلب نورا لتحادثها.

«نورا... المكالمة لك»، صرخ خالد.

ركضت نورا لتُجيب، وعيناها معلقان بالباب الزجاجي، هل هناك من حاول أن يكسره؟ لكن لا... ما من أحد!

كانت جارتها فاطمة على الخط، وأرادت أن تسألها عن الجامعة، وعن سير الأمور هناك. تلعثمت نورا قليلًا، ثم أخبرتها عما حصل لها مع الرجل الأسمر.

استغربت الجارة كيف أن الرجل لم يعرفها بنفسه، ويذكر اسمه! وفي الوقت نفسه لم تبدر عنه أية إساءة تجاهها، ولم يتلفظ بأي كلام بذيء!

أحست نورا أن تساؤلات فاطمة منطقية، ولكن إحساسها بالخوف كان أكبر بكثير!

فاطمة: «هل ستذهبين إلى الجامعة غدًا؟»

نورا: «لا أعلم، أنا مترددة بعد الذي حدث».

فاطمة: «هناك توقعات بوقوع حوادث تفجير للمساجد والمصليات في موعد صلاة الجمعة غدًا! من الأفضل أن تتجنبي مخاطر الذهاب يوم غدٍ».

نورا: «صدقًا لا أعلم... واعتذر منك الآن، يجب أن أشاور خالد بالأمر».

أنهت نورا مكالمتها، وشرد ذهنها...

سألها خالد، وكأنه كان يستمع إلى حديثها طول الوقت: «هل هنالك أخبار جديدة؟»

نورا: «رأت فاطمة أن نتجنب الذهاب إلى صلاة الجمعة غدًا؛ ونقلت لي ما يردده الجميع من أخبار، ومنها أن المتطرفين يهددون بتفجير المساجد كَردٍّ فعل على أحداث تفجير البُرجين».

تجهم خالد وتمتم: «يصير خير... يصير خير».

رغم أن نورا لم تود أن تضغط على خالد، لعلمها أنه غاضب من الموقف الذي تعرضت له مع الرجل الأسمر، إلا أنها سألته: «هل ستذهب إلى صلاة الجمعة غدًا؟»

لم يجبها. لكنَّ غضبه لم يمنعها من تكرار سؤالها.

فأجاب: «ألديكِ محاضرات غدًا؟»

نورا: «نعم، لديَّ ثلاث محاضرات».

صمتت، ثم سألت بصوت خافت: «أتأذن لي بالذهاب إلى الجامعة غدًا؟»

خالد: «إذا رغبت بذلك، فليكن».

قالت: «سأقرر صباحًا إذًا، هل ستنام؟»

خالد: «لا... لا أشعر بالنعاس، سأشاهد التلفاز».

نورا: «سأخلد إلى النوم، لأنني متعبة جدًّا».

خالد: «تصبحين على خير».

صعدت نورا إلى غرفتها، وقبل أن تأوي إلى سريرها، ألقت نظرة على صغيريها، ووجدتهما نائمين وقد بدت السكينة على ملامحهما. ثم ألقت بنفسها بين أحضان مخدتها وغطائها الدافئ، فقد أنهكتها الأوقات العصيبة التي مرت بها في الجامعة اليوم. ووجدت نفسها تبكي... ولا تعرف لماذا؟ فكل ما أحست به أن روحها مكسورة وقلبها يتألم... ثم هدأت وغرقت في نوم عميق.

صلاة الجمعة

استيقظت نورا مع بدء يوم جديد، تحدوها الرغبة في محو ذاكرة الأمس. اليوم الرابع عشر من سبتمبر، ثالث يوم بعد التفجير، وقد قررت أن تتصرف، وكأن شيئًا لم يحدث!

استرقت السمع إلى الأخبار، وهي تنظف طاولة الطعام بعد أن أفطر الطفلان، وأخذهما خالد إلى موقف باص المدرسة. بدت وتيرة الأحداث أسرع قليلًا مقارنة بالأيام الماضية، فعائلة نورا تحاول استعادة اليوميات التي اعتادتها قبل الأحداث.

شرب خالد قهوته، قبل أن يوصل نورا إلى الجامعة. سألها بنبرة غريبة لم تعتدها من قبل: «أترغبين في أن أرافقك اليوم؟»

فقالت: «لا... لا داعي لذلك، أظن أن الأمور ستسير على ما يرام».

وأضافت: «هل ستذهب للصلاة في الجامع؟!»

أجابها: «إن شاء الله».

ثم قال لها بنبرة فيها حدة: «عليك عدم الذهاب اليوم».

لم تجبه، وتحفظت عن نطق أي كلمة. فالجو بينهما ما زال مشحونًا، وتظن أن أية إجابة منها قد تستفزه، وتعقد الأمور بينهما أكثر. ومن الواضح أن الجو العام للأحداث، والضغط النفسي الذي يتعرض له العرب والمسلمون من وسائل الإعلام قد تمكن منهما إلى حد كبير أيضًا.

وصلت نورا إلى الجامعة وسارت بحذر وترقب، خافضةً رأسها، وكأنها تحمل عار مختطفي الطائرات على كاهلها. وكانت تدفع بقدميها الخطوة تلو الأخرى على التلة، إلى أن وصلت إلى مبنى قسم الرياضيات.

تذكرت وجه الرجل الأسمر حين دفعت الباب بيدها، فاضطرب نبضها، وسرت موجة من الحرارة في جسدها من شدة الخوف، وتسلل إلى صدرها شعور غريب. ثم تابعت سيرها بحذر شديد حتى وصلت إلى قاعة المحاضرات. استرقت النظر إلى الزاوية التي كان الرجل يجلس فيها، فلمحته ينظر نحوها، عندها خفضت رأسها بسرعة، وجلست في كرسيها المعتاد.

تظاهرت بأن كل شيء طبيعي... أخرجت دفتر ملاحظاتها والأقلام... حاولت أن تقرأ وتُراجع على عجل الدرس السابق، إذ إنها لم تسمع أية كلمة من الشرح بالطبع!

تركيز نورا اليوم أفضل من الأمس، وعلى الرغم من انشغالها وقلقها من الرجل الأسمر وصورته المطبوعة في ذهنها، إلا أنها استمعت للدرس، وسجلت الملاحظات، وانسجمت مع أجواء المحاضرة هذه المرة. وما إن انتهت المحاضرة بسلام، حتى أسرعت نورا مغادرةً القاعة، محاولةً بذلك استباق حدوث أي فعل أو أذى قد يصدر من طرف الرجل الأسمر. فعقلها لا يكاد يَرى أو يفكر إلا في هذا الرجل... صورته... شكله... حجمه... لونه... نبرة صوته... من يكون؟ ... ماذا يقصد؟ ... ماذا سيفعل؟ ... بماذا يفكر؟!

تداركت نفسها، وانتبهت إلى أنها تسير بسرعة غير طبيعية، فحاولت تهدئة قلقها الذي انعكس على سرعة خطواتها. ولكنها لم تتوقف عن التلفت لا إراديًّا وراءها، فلم تلمح الرجل!

عبثت الأفكار السيئة بعقلها مجددًا، ففكرت بقلق: «هل سيفجر المسجد! هل أذهب للصلاة! المسجد جزء من الحرم الجامعي، وصلاة الجمعة على بعد خطوات مني، هل أتقاعس! هل من الممكن ألا يحدث شيء؟!»

ظهر الجانب القوي والجريء في شخصية نورا، قاطعًا عليها أفكارها المريبة السابقة! وكأنه يخاطبها قائلًا:

«أنتِ لم تفعلي شيئًا يجعلك تشعرين بالإثم، وأفكارك تلك ليست سوى تكهنات، ولا شأن لكِ فيما يحدث! اذهبي للصلاة ولا عليك».

ورد الجانب الرقيق الحساس من نورا على ما سبق: «لكن خالدًا أمرك بألا تذهبي للصلاة في المسجد!»

وظهرت نورا القوية مرة أخرى: «وما أوامر خالد مقابل صلاتك لرب العالمين؟! اذهبي ولا تخافي أبدًا».

وأخيرًا انتهى الصراع لصالح نورا القوية، وقررت الذهاب إلى المسجد، لأداء صلاة الجمعة.

المرأة ذات الرداء الأسود

سارت نورا بخطوات ثابتة وواثقة متجهة إلى مسجد الجامعة لأداء صلاة الجمعة. رفعت رأسها بعزة وشموخ، ولم تكن قد راودتها تلك المشاعر طوال الأيام الثلاثة الماضية. فأحداث الحادي عشر من سبتمبر غيرت موازين القوى العالمية، ونشرت الحزن في كل بيت.

دخلت المسجد من الباب المخصص للنساء، وصعدت السلم الضيق الطويل بخطوات ثابتة قادتها إلى المصلَّى. وغرفة مصلى النساء مصممة بشكل هندسي غريب، وأضلاعها غير متساوية!

خلعت حذاءها ودخلت، وبنظرة سريعة وجدت في المكان خمس سيدات يجلسن متفرقات. ومن ملابسهن بدا لها أن إحداهن غير مسلمة.

وضعت نورا حقيبة كتبها إلى جانب باب المرحاض الصغير الذي يقع في زاوية المصلى، ثم دخلت لتتوضأ.

أنهت وضوءها، ومع خروجها من المرحاض، نظرت بتمعن إلى المرأة الغريبة... شقراء في بداية عقدها الخامس، وجهها جميل وخال من الماكياج، وتشوبه بعض التجاعيد. ترتدي قميصًا أسود وتنورة قصيرة سوداء، وتخفي ساقيها بجورب أسود طويل بعض الشيء يغطي الجزء الأسفل منها فقط، ووضعت على رأسها وشاحًا أسود شفافًا. ومن طريقة جلستها بدا أنها غير معتادة على الجلوس على الأرض. إنها ليست مسلمة، وهذا تجلى بوضوح من طريقة جلستها ومن لبسها... ولكن من تراها تكون!

صلت نورا ركعتين تحية المسجد قبل بدء خطبة الجمعة. ودارت في رأسها هواجس حول هذه المرأة، من تكون؟ وماذا تريد؟

بدأ خطيب المسجد خطبته. وكانت المصليات يستمعن إلى الخطبة عبر سماعات توصل الصوت من مصلى الرجال في الطابق الأرضي. تربعت المصليات على الأرض. ومع بداية الخطبة تسارعت نبضات قلب نورا، فبناءً على ما تخيلته، وما توقعت حدوثه، فقد دقت الآن ساعة الصفر لحدوث تفجيرات في المسجد!

أصغت بكل تركيز... أرهفت السمع لأي صوت دقيق قد يأتي من داخل المسجد أو خارجه... حدقت بعينيها المتسعتين عبر زجاج النوافذ ترقبًا لأي تفجير سيحدث!

وفكرَّت: «أين سأختبئ؟ وكيف سأهرب؟ وماذا سيحدث لولديَّ إذا مت اليوم؟ وماذا لو متنا أنا وخالد في آن واحد، وماذا سيكون مصير ابنينا الصغيرين في بلاد غريبة؟ لقد كان حضوري للصلاة اليوم خطأ. إنها مخاطرة غير محسوبة ومجهولة العواقب!»

عاتبت نورا نفسها، وأنبها ضميرها، لأنها توقعت حدوث مكروه لها ولخالد. ثم توالت تساؤلاتها: «ماذا لو حدث مكروه لي؟ لو كنت قد فكرت بإبراهيم ومحمد لما جئت اليوم وخاطرت بنفسي!»

انتهت الخطبة وكانت قصيرة لم تتجاوز ربع الساعة... رفع النداء للصلاة... تأهب المصلون. كانت نورا غارقة في بحر أفكارها المُخيفة، لكنها عادت إلى الواقع، ونظرت حولها. لم يحدث شيء إلى الآن؟! هل يُعقل؟!

تراصت المصليات بعددهن القليل في صفٍّ واحدٍ. ووقفت نورا بينهن بترقب وقلق شديدين.

المرأة ذات الملابس السوداء لم تبرح مكانها، وظلت على جلستها ذاتها، وكأنها تنتظر أمرًا ما.

تبادلت نورا النظرات مع النساء المصليات، ورأت في عيونهن نفس التوتر والقلق. ترى هل يكون شعورهن في مكانه؟!

نورا مستجدة في الجامعة وفي المدينة، ولا تعرف أيًّا من النساء اللاتي يُصلين إلى جانبها. بدأت الصلاة، فتسارعت نبضات قلبها، كأنها دعسات خيل يُسابق في الميدان.

هل تنتظر المرأة الغريبة، الجالسة خلف صف المصليات، سجودهن حتى تطعن إحداهن بخِنجر مثلما اغتيل الخليفة عثمان بن عفان رضي الله عنه؟

«الله أكبر»... يكبر الإمام. ركعت نورا والمصليات، ولم تتمكن من استراق النظر خلفها رغم المحاولة. وهيأت نفسها لتكون على أُهبة الاستعداد للركض هاربة إذا حدث أي طارئ!

وضج عقلها بصور وأحداث رسمتها في مخيلتها، وكأنها ستراها أمام عينيها! إنها صورُ الخوف المقتبسة عن أحداث الاغتيالات والغدر من الآخر الغريب المجهول.

«سمع الله لمن حمده»... نادى الإمام بعد الرفع من الركوع. وقفت نورا باستغراب وتعجُّب، لأن شيئًا لم يحدث حتى الآن!

أفكارها الملوثة والمُشبعة بالخوف من الآخر الغريب كانت تؤكد لها أن السوء سيأتي من الغريب لا محالة.

فحدثت نفسها: «الخوف عند السجود وليس عند الركوع».

فانتابتها مشاعر الخوف ذاتها عند السجود، واضطرب الدم في عروقها.

«الله أكبر» ... قالها الإمام إيذانًا بالسجود الأول في الركعة الأولى.

كادت نورا تقطع صلاتها من شدة الخوف وتغادر، لكن شيئًا ما كان يُثبتها ويمنعها. سجدت باستسلامٍ شديد، وكأن قوتها قد استُنزفت، وباتت عاجزة عن المقاومة.

«العمر واحد، ولا يموت أحد قبل أن يُكتب له الموت... إن كانت نهاية حياتي قد كُتِبت في هذه اللحظة فلتكن... ولا شيء يرد قضاء الله»، هكذا حدثت نفسها.

خارت قواها، وتسلل الخنوع إلى قلبها. ثم سجدت وكأنها تسلِّم ظهرها في هوان وإقرارٍ للطعن.

وفجأة، نادى الإمام: «الله أكبر».

استغربت نورا! إذ لم يحدث شيء مما تخيلته، ولم تتعرض أي منهن للطعن!

تدخل عقلها مقاطعًا: «انتظري... قد يحصل ذلك في السجود الثاني».

سجدت السجود الثاني بالقدر ذاته من الهوان والاستسلام، ومن جديد قامت هي والمصليات سالمات، دون أن تتأذى إحداهن أو تُطعن! وهكذا مرت الركعة الثانية ولم ينفذ السيناريو الدامي الذي نسجته في عقلها.

في الواقع، أن نورا لم تسمع آية من الآيات القرآنية الكريمة التي قُرئت في أثناء الصلاة، فقد كانت غارقة في أوهامها المُخيفة التي زُرعت في بالها وترسخت فيها منذ الصغر، فالخوف من الغريب قد أعدم ثقتها بالآخر تمامًا، وحالها كحال أناس كثيرين في أي مجتمع، إذ تفتقد الغالبية عنصر الثقة بالآخرين، لمجرد أنهم غرباء عنهم!

«السلام عليكم ورحمة الله»... سلَّم الإمام، وسلمت المصليات، وانتهت الصلاة بسلام! لم يُطعن أحد؟! ولم يفجَّر المسجد؟!

لا تكاد نورا تصدق بأن شيئًا مما فكرت فيه لم يحدث! ما زالت المصليات جالسات في صفٍّ واحد.

اقتربت المرأة ذات الملابس السوداء منهن، وجلست أمامهن وبدأت كلامها بالقول: «أنا كريستين جون، من سكان هذه المدينة، هل تتكلمن الإنجليزية؟»

ردت نورا وإحدى المصليات: «نعم».

استطردت كريستين قائلة: «أنا أحدثكن باسمنا، نحن مجموعة من النساء في هذه المدينة، سمعنا أن الجالية العربية والمسلمة تشعر بالخوف وعدم الأمان جراء أحداث يوم الثلاثاء الماضي، فقررنا أن نقدم الدعم والمساعدة».

تبادلت المصليات النظرات، ورحن يتأملن وجه كريستين ذات الملامح اللطيفة والتجاعيد في وجهها الخمسيني، وطريقتها في ارتداء الملابس السوداء احترامًا منها للمكان. وتحدثت كريستين بهدوء وعلى مهل كي تتمكن المصليات من فهم ما تقول، ورجحت نورا أن المرأة تبطئ في الكلام لظنها أن المصليات لا يُجدن الإنجليزية.

كريستين: «لقد سمعنا أنكن وعائلاتكن خائفون، وتمتنعون عن الخروج من منازلكم! ولا تشعرون بأمان في التنقل أو حتى عند شراء حاجاتكم! لذلك قررنا أن نساعدكم ونرافقكم للتسوق أو في تنقلاتكم».

وتابعت: «نحن نعلم أنه لا ذنب لكم فيما حدث، ولا يرضينا أن تخافوا وأنتم في أرض الحرية! هذا رقم هاتفي»، وناولت النساء قصاصات من الورق كتب عليها رقم الهاتف.

وأضافت كريستين: «أعلم أن كثيرات يرغبن في المجيء للصلاة، لكن خوفهن قد منعهن من الحضور اليوم... بإمكانكن أن تمنحهن هذا الرقم».

لاحظت نورا أن المصليات ينصتن إلى المرأة بحذر، دون أن تنطق إحداهن بأية كلمة. وشعرت أنه يجب تقديم الشكر لها من باب اللياقة، فقالت بتحفظ: «شكرًا».

ردَّت كريستين مكررة: «نريد المساعدة فقط، ومن تحتاج منكن لأية مساعدة هذه الفترة، فلتتصل على هذا الرقم».

لم تُطل كريستين المكوث أكثر، وغادرت بعد برهة، وسط صمت النساء التام، واكتفائهن بتبادل النظرات.

وحين تحركن باتجاه باب المصلى لارتداء أحذيتهن، استرقت نورا السمع إلى حديث اثنتين منهن، فقالت إحداهن: «قد تكون جاسوسة!»

فردت الأخرى: «أو قد تكون من الاستخبارات الأمريكية، وتريد التعرف على من يوالي الأحداث ومن يعارضها».

وقالت الأولى: «يتوجب علينا عدم منح الثقة لأي أحد، وتحديدًا في هذه الفترة».

تلفتت الثانية، ولاحظت أن نورا تسمع الحديث، فسكتت. لذلك حاولت نورا التصرف بعفوية، فلبست حذاءها وغادرت.

عقل نورا مشوش ومملوء بالتساؤلات والألغاز، وما زالت الصور البشعة تشغله بإلحاح. سارت نحو محاضرتها التالية ببطء شديد، وكأن شيئًا يثبتها في الأرض، ويثقل خطواتها. أخذت تتابع محاضرة اللغة الإنجليزية مشدوهةً، لا تكاد تعي ما يقال حولها!

تأملت قامة المعلمة الطويلة وشعرها القصير، ثم راحت تفكر فيما قالته المرأة ذات اللباس الأسود في المصلى، وتتساءل: «هل هي جاسوسة حقًّا! هل تريد بنا شرًّا! هل أخبر خالد عنها؟ سيغضب بالتأكيد إذا أخبرته، فقد حذرني من الذهاب إلى صلاة الجمعة! هل يعقل أنه لم يحدث شيء؟ هل من الممكن أن تحدث الاعتداءات على العرب والمسلمين في مدن أخرى وليس هنا؟!»

انتهت الحصة، وغادرت نورا باتجاه موقف السيارات. وقد ذهب عن بالها للمرة الأولى، أن تلتفت بحثًا عن الرجل الأسمر، وتتأكد من أنه لا يلاحقها!

فعقلها اليوم مشغول بالمرأة ذات الملابس السوداء، وعيناها اليوم لا ترى إلا وجهها اللطيف.

في السيارة، سألها خالد عن أحوالها فأجابت باقتضاب: «بخير». ثم صمتت.

ومع جلوس العائلة على الأرض كالعادة لتتناول وجبة غدائها المتأخر، شرعت نورا في التحدث عن المرأة ذات الثياب السوداء. استمع خالد إليها باهتمام، ثم علق بالقول: «وما الذي تريده؟»

نورا: «لا أدري... فالنساء في المسجد ظننَّ أنها قد تكون من جهاز الاستخبارات».

خالد: «نعم ممكن!»

حمدت نورا الله في سريرتها لأن خالدًا لم يستشط غضبًا كالمرة الماضية، لعلمه أنها ذهبت لتؤدي صلاة الجمعة.

رنَّ الهاتف...

أجابت نورا: «مرحبًا... كنت أنوي أن أُكلمك... سأعاود الاتصال بك بعد عشر دقائق... تمام؟ ... إن شاء الله... إذًا مع السلامة الآن».

ومع إنهاء المكالمة، عادت لاستكمال طعامها مع الأسرة، ولكن لم تكن لديها قابلية للأكل! نظفت المكان بعد أن أنهى الجميع غداءهم، وانصرف الصغيران للعب بعد أن غسلا أيديهما.

أكَّدت نورا على إبراهيم: «اليوم سندرس اللغة العربية... بعد أن أُنهي مكالمتي سأناديك للدراسة... اتفقنا؟»

إبراهيم: «حسنًا يا أمي».

وضعت نورا الأطباق في المطبخ، ثم اتصلت بابنة عمها عائشة، وأخذت تسرد لها باسترسال قصة المرأة ذات الثياب السوداء، وأسهبت في ذكر التفاصيل. تحدثتا نحو ساعة من الزمن من دون الشعور بمرور الوقت.

وكأن نورا كانت تحبس كل الكلام في جوفها، وأرادت أن تشارك الأحداث وتفاصيلها مع أحد، لتُزيح عن كاهلها بعض الحمل، وتستمع إلى رأي آخر!

طابق ظن عائشة ظنون نساء المسجد وظنَّ خالد أيضًا! ورأت أن المرأة قد تكون عميلة لجهاز الاستخبارات الأمريكية، وتريد دراسة ردود فعل الجالية المسلمة.

أشار خالد إلى الساعة، كي ينبه نورا بأنها لبثت طويلًا في حديثها عبر الهاتف، فما كان منها إلا أن استأذنت من عائشة وأغلقت الخط.

ثم سألته، وهو يتابع الأخبار: «أتريد شيئًا!»

خالد: «إن أحضرتِ لي فنجانًا من القهوة فسأكون شاكرًا».

نادت إبراهيم وباشرت الإشراف على تدريسه مادة اللغة العربية، وفي الوقت نفسه حضَّرت القهوة لزوجها، ووضعت الأطباق في غسالة الأطباق، ونظفت المطبخ.

رنَّ الهاتف!

كان الاتصال من الجارة، فناول خالد الهاتف لزوجته.

نورا: «إن شاء الله... سوف أحاول... سأرى إن كنت أستطيع المجيء بعد أن ينام الصغيران».

خالد: «ماذا تريد؟»

نورا: «البنات مجتمعات عند جارتنا الليلة. هل يمكنك أن تبقى مع إبراهيم ومحمد؟ سأذهب بعد أن ينام الصغيران، وأقضي وقتًا قصيرًا مع الجارات رغم أنني متعبة جدًا».

«هيا يا بُني»، حثت نورا إبراهيم على الكتابة بسرعة، ولم تنتظر رد خالد. وحين اقترب موعد زيارتها، أعدت وجبة عشاء خفيفة لطفليها، واطمأنت إلى أنهما تناولا الطعام، ونظَّفا أسنانهما، وناما في غرفتهما الهادئة.

غيرت نورا ملابسها، ووضعت مسحة من الماكياج، وتعطرت بعطر يفوح برائحة العود أحضرته معها من الخليج، ثم قصدت بيت جارتها.

في مجلس جارتها، اجتمعت نساء مغتربات خليجيات، أتى بعضهن للدراسة، وأتت أخريات برفقة أزواجهن الطلاب. كان حادث يوم الثلاثاء 11 سبتمبر محور الحديث في هذا المجلس وكل المجالس الأخرى.

سردت نورا قصة المرأة ذات الثياب السوداء، واتفقت النسوة جميعًا على أنها من الاستخبارات. وجزمت نورا بأنها كذلك بعد اتفاق الحاضرات على الرأي نفسه!

لم تتصل نورا بكريستين، ولم تدرِ أين وضعت رقم هاتفها! فعقلها قرر بالاستناد إلى نظرتها ونظرة زوجها ونظرة كل المغتربات اللاتي قابلتهن، بأن تلك المرأة ليست صديقة ولا يجدر الاتصال بها. إنها امرأة غريبة عنهم في الجنسية والمعتقد، ومن الأفضل عدم الوثوق بها. وبعد أن انتهت إلى هذا القرار، أُغلق الموضوع!

مرَّت أيام طويلة حزينة على نورا وعائلتها وعلى الجاليات العربية المسلمة في أمريكا. وعلى الرغم من جمال الطبيعة وروعة المكان وتفاصيله وجمال الروح العائلية وتعامل الناس اللطيف فيما بينهم في هذه المدينة، إلا أن ظلال أحداث الحادي عشر من سبتمبر كانت تقف حائلة دون الاستمتاع بكل ذلك الجمال، ففي كل بيت في أمريكا قصة حزينة، وقد تسلَّل الحزن والشك والريبة إلى كل قلب في هذه البلاد الجميلة.

ودارت عجلة الأيام... ومرَّ عام على حادث تفجير البرجين.

ظهور الرجل الأسمر بعد عام

إنها الرابعة عصرًا، يوم الحادي عشر من سبتمبر 2002. كانت نورا تغلق ستائر نافذة غرفة الجلوس المطلة على الساحة الخضراء المشتركة بين المنازل القريبة، وكانت المفاجأة!

وقفت مصدومة ومأخوذة الحواس. اتسعت حدقتاها كي تمعن النظر جيدًا وتتأكد مما تراه... يا تُرى هل ما تراه خيالًا؟ اقتربت أكثر فأكثر من النافذة... هل هذا هو حقًّا؟ ... نعم إنه هو!

ضجَّ عقلها كأنه يصرخ، أما لسانها فظل صامتًا... نعم إنه هو... إنها لم تنسَ أبدًا الرجل الأسمر الذي طالما أرَّق تفكيرها! إنه هو... نعم... هو! عقلها يكرر... إنه هو... إنه هو!

حاولت أن تستعيد توازنها، وتمعن النظر أكثر، لتجده يقف مع جارتها الصومالية وامرأة أخرى لا تعرفها.

فكرت نورا بما عليها أن تفعل! إنها تعرف جارتها الصومالية معرفة وثيقة، وتعلم أنها امرأة صالحة ولطيفة، فهي تُدرِّس اللغة العربية، وتحفِّظ القرآن الكريم لأطفال المسلمين المغتربين في أمريكا.

حدثها قلبها: «اخرجي»، لكن عقلها أوقفها ونهاها عن الخروج. قررت أن تنتظر حتى يغادر الرجل، فتخرج لتسأل جارتها عنه. صممت على أن تكسر حاجز الخوف الذي عايشته طويلًا، فقد آن الأوان لتعرف من هو! تحملت سنة كاملة من الضغط النفسي والخوف... الخوف من الصورة التي رسمتها لذلك الرجل في مخيلتها. واليوم مشاعرها مستقرة، وخوفها الذي كان يُخيم

على رأسها قد تبدد. لم تعد تشعر بالرهبة والقلق مثلما كان حالها يوم قابَلته.

وضعت نورا حجابها على رأسها استعدادًا للخروج، ولسان حالها يطمئنها، وهي تنظر من النافذة بترقب، بأنها ستكشف سر الغريب المجهول. وستعلم مدى صحة مشاعرها ودقة نظرتها حيال الآخر الغريب!

رأت الرجل يتحدث مع جارتها ويضحك ويحمل بين ذراعيه طفلًا صغيرًا، يقبله تارةً ويلاعبه تارةً أخرى! «هل هو إنسان طبيعي وعادي؟!» سألت نفسها، واستعادت ما بقي مرسومًا في مخيلتها وما زال مثبتًا على جدران ذاكرتها، من ملامح وجهه.

غادر الرجل، وانتظرت نورا حتى توارى عن الأنظار، فخرجت مسرعة نحو جارتها والمرأة الأخرى، وكانت المرة الأولى التي تتسارع فيها خطواتها لتسابق أفكارها، كان عقلها يحدثها بصوتٍ عالٍ يرن في أذنيها: «اليوم سأعرف من هذا... وماذا يريد... مهما كانت النتيجة! أريد أن أعرف... يجب أن أعرف...».

«السلام عليكم»، ألقت نورا السلام عليهما، فبادلتها جارتها والمرأة الأخرى التحية بمثلها.

الجارة: «هذه وردة صديقتي من الصومال».

أجابت نورا بابتسامة صفراء: «أهلًا وسهلًا».

الجارة: «وردة لاجئة سياسية».

لم ترغب نورا في الخوض في حديث عن تفاصيل حياة وردة، فهي تريد أمرًا واحدًا فقط. تريد إجابة على السؤال الذي أقلقها أكثر من عام!

فقاطعتها نورا بالسؤال: «هل يمكن أن أسألك من الرجل الذي كان معكما؟»

الجارة: «محمد زوج وردة».

اتسعت حدقتا نورا، وتهاوى قصر الأوهام الورقي الذي بنته في مخيلتها على مدى شهور طويلة... ها هو يتهاوى ورقةً تلو ورقة. لكن رغم ذلك، أصرَّ عقلها على المقاومة، محاولًا التحقق أكثر.

نورا: «أهو مسلم؟»

ضحكت الجارة: «نعم مسلم... قلت لك اسمه محمد، وهو زوج وردة».

وجدت نورا أن هناك إشارتين تدلان على أنه مسلم: اسمه محمد، وهو زوج امرأة مسلمة... فمن البديهي أن يكون مسلمًا.

اندثرت تخيلات نورا للأمور وتوقعاتها لها ووجهات نظرها غير المبررة، فقد حبست نفسها في سجن الأوهام والمخاوف مدة عام كامل، لمجرد أن نظرتها نحو الآخر المجهول نظرة شك وخوف وعدم ثقة! تلك النظرة التي شكَّلت صُورًا، بنت منها قصر أوهامها الورقي... صورة صورة... وورقة ورقة.

لاحظت الجارة ذهول نورا، فسألتها: «هل تعرفينه؟»

بدت نورا تائهة ومشتتة، وقد أذهلها تبدد مخاوفها وشكوكها، بعد أن تجرأت واقتربت من الآخر لتعلم حقيقته!

عادت الجارة لتسألها بصوت عال: «نورا، نورا، هل تعرفين محمدًا؟»

استقرت عيناها على جارتها وصديقتها وردة، ثم التقطت أنفاسها، وقالت: «نعم، كان معي في مقرر الرياضيات».

الجارة: «نعم هو يحضر للماجستير في الفيزياء، ويتطلب اختصاصه دراسة مواد في الرياضيات».

لمحت نورا إبراهيم عند الباب، فاستأذنت عائدة إلى البيت.

تثاقلت خطواتها مجددًا، وشعرت بما يشبه الانهيار. لا تصدق بأن الرجل الذي أرَّق مرقدها وصحوتها لشهور طويلة هو في الحقيقة... **صديق!**

نعم، إنه صديق! كان ينوي أن يُشعرها بالأمان وسط الخوف الذي ملأ قلوب الناس وصدورها في ذلك الوقت. كان يريد طمأنتها بأنه موجود إذا احتاجت أي مساعدة. وقصد بطبطبته على كتفها أن يزودها بجرعة مَن الأمان، وأراد أن يخبرها أنه الصديق وقت الضيق. وقصَدَ بسلامه عليها أن يقول لها: إنني مسلم مثلك، وأشعر بما تشعرين، وإنك لست لوحدك هنا.

هل يُعقل أن تتحول لوحة جميلة تفيض بالدفء والأمان وأقصى مشاعر الإنسانية، إلى لوحة جرداء قبيحة قاحلة مجردة من كل جميل وممتلئة بالمشاعر السلبية! وكل ذلك، لِمَ؟ لمجرد أنه غريب عني ولا أعرفه!

هذا ما حصل مع نورا، فمعتقداتها الخاطئة أنستها أننا جميعنا بشر وفطرتنا واحدة. وعلينا أن نشعر بالآخرين ونتعاطف معهم حتى لو كانوا غرباء عنا.

أفكارها الخاطئة غرست فيها الخوف من الآخر الغريب. وحولت الصديق إلى عدو، والفعل الجميل إلى فعل مريب! والمشاعر الجميلة الإيجابية إلى مشاعر ريبة وخوف وقلق!

أخيرًا... انكشف سر الرجل الأسمر.

جلست نورا على أريكتها الخضراء وسرحت بنظرها عبر النافذة، وقالت: «نعم، الآن أستطيع الاستمتاع بكل منظر جميل».

وابتسمت ابتسامة المطمئِن، وقالت: «شكرًا لك يا صديقي... شكرًا لك لأنك حاولت طمأنتي، وأعتذر عن سوء ظني بك».

بعد مرور عشرة أعوام

ها هي نورا الآن في مجلس نسائي في الخليج. مجلس فخم فارهٌ كبير المساحة، تزينه ديكورات حديثة مطلية بالذهب، وتتوافر فيه جميع سبل الراحة والرفاهية.

النساء يلبسن آخر صيحات الموضة، ويتزيَّنَّ بأفخر المجوهرات. يحتسين القهوة العربية ويتناولن الحلويات التي يقدمها الخدم وهن يتبادلن أطراف الحديث، فتارةً أحاديث ثنائية جانبية، وتارة أحاديث بين مجموعات صغيرة.

شتان بين ما تعيشه نورا الآن وما عاشته في «أثينز». كانت الحياة بسيطة هناك، وكانت متطلباتها سهلة وفي متناول اليد. والمنزل بسيط في تفاصيله يخلو من الكماليات ومظاهر البذخ.

لكن على الرغم من ذلك التباين المجتمعي، وعلى الرغم من أن كلا المجتمعين الأمريكي والخليجي غريب عن الآخر، وتفاصيل أحدهما تختلف عن تفاصيل الآخر، فإن لكل منهما ما يميزه. فمن يعيش في هذه المجتمعات هو «الإنسان نفسه».

اليوم الحادي عشر من سبتمبر 2011، الذكرى العاشرة لأحداث الحادي عشر من سبتمبر في أمريكا.

مرت عشرة أعوام!

تساءلت نورا: «يا لدوران الزمان، كيف يمر الوقت سريعًا دون أن نشعر به؟!»

تستذكر هذا التاريخ قبل عشرة أعوام، فترتسم في مخيلتها صورة خالد وهو يتودد إليها في منزلهما الصغير في أوهايو، فينقبض صدرها من الحزن، إذ إنها انفصلت عن خالد منذ ثلاثة أعوام، وما تزال تعاني حرقة الفراق!

تعيش نورا مع أبنائها محمد وإبراهيم وأمل، وتحاول أن تكون لهم الأب والأم.

سألتها إحدى المدعوات، قاطعة حبل مشاعرها الحزينة: «كنتِ هناك في ذلك الوقت أليس كذلك!» فابتسمت قائلة: «نعم، لقد كان يومًا عصيبًا فعلًا».

استعرضت نورا شريط تلك الأيام بصورها وأحداثها وحلوها ومرِّها، وحدثت النساء عن تجربتها مع الرجل الأسمر، فأنصتن إليها بشوق. وأسهبت هي بالشرح كيف حملها خوفها من الآخرين الغرباء ونظرتها القاتمة إلى الغرباء على أن تظن أنه يريد شرًّا بها وبعائلتها، وكيف تبين أنه مسلم ويريد طمأنتها، وكيف تهاوى قصر أوهامها الذي بنته مدة عام بِطوله عند لحظة معرفتها أنه مسلم وكان يقصد خيرًا! وكيف يمكن للإنسان أن يبني أوهامًا لا أساس لها من الصحة، وليس لها مدعاة أو سبب!

ونصحت نورا الحاضرات بضرورة أن ينظر الإنسان إلى الآخر نظرة إنسانية مجردة... دون النظر إلى جنسه أو دينه أو عرقه أو جنسيته. وبينت لهن أن هذه الحواجز هي التي كونت مفاهيمها وأججت مخاوفها وأوهامها.

وقالت: «إن احتمال الخطأ وارد عند الاتكال على تلك الحواجز في تكوين نظرتنا نحو الآخرين».

وفجأة! وسط حديثها مع النساء المجتمعات، راودتها صورة المرأة ذات الملابس السوداء... فسكتت برهةً.

لم تُلق النسوة في المجلس بالًا لصمت نورا، فقد انشغلن في مناقشة

موضوع الرجل الأسمر، وأطلقن الأحكام على طريقة تفكيرها، وأبدين آراءهن وتحليلاتهن في أحداث الحادي عشر من سبتمبر.

لم تستمع نورا إلى كلامهن، بل راحت تقلب الصور في مخيلتها لتستعيد اللحظات التي جمعتها بتلك المرأة ذات الملابس السوداء... كريستين التي غابت عن ذهنها في يوم الجمعة ذاته الذي قابلتها فيه. لم يكن لها أثر في تفكير نورا من قبل. لكنها فجأة شعرت كأنها أمام مرآة تكلمها، وتخاطبها وتقول: «استمعي... استمعي...».

فاضت مشاعر المحبة والإنسانية لدى نورا، وامتلأ عقلها بأفكار جميلة عن تلك المرأة... نعم، المرأة في الثياب السوداء... نعم، لقد كانت تقصد خيرًا... لقد كانت صديقة، وليست كما توهمت وتوهم الآخرون! نعم كانت كذلك... كانت تمد يد المحبة والإنسانية والصداقة...

لقد ظننا بها سوءًا، ولم نقبل أنا والمصليات الأخريات تلك اليد الجميلة التي امتدت لمساعدتنا...

كانت نظرتنا نحوها موحدة، وملوثة بمشاعر الخوف والريبة من الغريب!

كيف غابت عن بالي طوال تلك السنين؟ صديقة بقلب أبيض ويد بيضاء وملابس سوداء!

رأينا السواد في ملابسها، لكن نظرتنا الخاطئة جعلت هذا السواد طاغيًا، فغطى على بياض نيَّتها وهدفها الإنساني النبيل!

الخوف من الغريب وتجاهل الفطرة الإنسانية الموحدة، كوَّنا الصورة التي رسخت في عقولنا وحكمت أفكارنا، فتعاملنا مع تلك الأفكار متناسين أو متجاهلين أنها قد تكون مُجحفة وغير عادلة في حق الآخر الغريب؛ ففي النهاية نحن بالنسبة لغيرنا بمثابة الآخر الغريب أيضًا، ولن نرضى بأن يُحكم علينا وعلى سرائرنا الصادقة بالسوء!

حاول تغيير نظرتك إلى سلوكيات الآخرين، وإن شككت في صفائها ونبل أهدافها فلا تجزم بسوئها المطلق، قبل أن تتحقق من ذلك. عندها فقط سترى جمال الصورة... جمال العلاقات... جمال الصداقة... جمال الإنسانية... جمال الحياة...

كم أنت جميلة يا صاحبة الثياب السوداء... وكم أنت نبيل يا صاحب البشرة السمراء...

ثمانية أعوام أخرى...

ثمانية أعوام مرت، منذ أن أدركت نورا أن المرأة ذات الملابس السوداء كانت تقصد خيرًا! لا تبرح صورة كريستين وتفاصيل هيئتها مخيلة نورا، ولا تغيب عن بالها، بل لا تكاد تفارقها أبدًا.

ولداها محمد وإبراهيم يدرسان الآن في بريطانيا. وتعيش نورا مع ابنتيها أمل وحنان. أمل ابنتها من خالد وبلغت السادسة عشرة من عمرها، وحنان ذات الأعوام التسعة ابنتها من زواجها الثاني الذي لم يستمر طويلًا أيضًا.

صارت نورا ترى كريستين في كل خيرٍ تفعله... تراها في كل يدٍ ممدودة للمساعدة... تراها في كل لون أبيض ينبثق من وسط السواد.

ولشدة انشغال نورا بكريستين، طلبت من صديقتها الرسامة أن ترسمها، ولكن الرسم على جماله لم يرقَ لجمال صورة كريستين في مخيلة نورا.

«سأذهب للبحث عنها... نعم سأذهب للبحث عنها، ولكن كيف؟» حدثت نورا نفسها.

بدأت بالتفكير في مختلف الوسائل والطرق التي ستُسهل عليها البحث عن كريستين. البحث عن أي خيط قد يقودها إليها. تُريد أن تشكرها، وأن تعتذر منها بشدة على سوء نظرتها تجاهها وطريقة تفكيرها بها.

خاطبت نفسها: «سأسافر إلى أمريكا، وأقيم في «أثينز»، وأسأل الناس هناك، فمن المؤكد أن كريستين ناشطة اجتماعية، ولا بدَّ أنني سأجدها إن شاء الله».

قطع الواقع تخيلات نورا... البنات والعمل ومصاريف السفر!

فهوَّنت على نفسها وتمتمت: «إمممم... فكري مجددًا».

خطر ببالها أن زهرة زوجة الرجل الأسمر قد راسلتها عبر البريد الإلكتروني منذ مدة، فهرعت للبحث في بريدها عن اسم زهرة، فلم تجده. غيَّرت ترتيب الحروف، وبدلت لغة الجهاز ما بين العربية والإنجليزية، فلم توفق، وتغلغل شعور الخيبة في صدرها.

استجمعت قواها قائلة: «قد لا تعرف زهرةُ كريستين على أية حال. سأذهب بنفسي إلى «أثينز»، وأبحث عنها... ولكن من أين أبدأ؟ بالتأكيد سأبدأ من حيث قابلتُها في المسجد».

تراءى لها ذلك الرجل الذي كان في عقده الخامس، وكان يصلي مع المسلمين صلاة الجمعة. كان خالد قد حدَّثها عنه يومًا، وأخبرها أنه رجل يحترم الأديان الثلاثة اليهودية والمسيحية والإسلام، ويحضر صلاة الجمعة مع المسلمين في ذلك المسجد الصغير. رجل يملك مزرعة بالقرب من «أثينز»، ويبدو عليه التواضع في طريقة لباسه. ولكنَّ نورا لم تَرَهُ إلا مرة يتيمة في أثناء خروجه من صلاة الجمعة».

حدثها عقلها: «من المؤكد أن هذا الرجل يعرف كريستين».

وتساءلت: «هل ما يزال حيًّا بعد مرور تلك السنوات!»

ثم وبخت نفسها: «كفي عن التفكير».

مرت الأيام، وما زالت صورة كريستين عالقة في ذهن نورا. بل كان إصرارها على البحث عنها يزداد يومًا بعد يوم.

وذات يوم، كانت تبحث عن موضوع أكاديمي عبر الإنترنت، فتذكرت مشرفتها الأكاديمية في الجامعة. ورأت أن تسألها عن كريستين، فهي تسكن مدينة «أثينز» أيضًا، وقد تجد لديها الإجابات، وتعرف منها إن كانت كريستين على قيد الحياة.

وبَّخت نفسها مرة أخرى: «كُفي عن التفكير في كريستين، وادعِي لها».

كانت تقاوم أحيانًا فكرة الذهاب إلى أمريكا للبحث عنها، ولكن...

مع بداية عام 2020 وتحديدًا في شهر يناير، جلست نورا مع ابنتيها أمل وحنان للمناقشة فيما بينهن، واختيار المكان الذي سيقضون العطلة الصيفية فيه؟ فقد كانت نورا حريصة على قضاء وقت ممتع مع أبنائها في كل عطلة صيفية، وقد اعتادوا على زيارة بلد جديد كل عام.

عبرت أمل عن رغبتها في قضاء العطلة في ألمانيا، أما حنان كعادتها فتريد تمضية العطلة في إنجلترا، فالحنين يشدها إلى حيث قضت سنوات عمرها الأولى.

سألتهما نورا: «ما رأيكما في أن نقضي عطلتنا هذه السنة في أمريكا؟»

فهتفت الفتاتان بحماسة: «نعم، أمريكا».

سألت أمل: «نيويورك؟!»

قالت حنان بصوت عال: «لا... كاليفورنيا... ديزني لاند».

نورا: «لا... أنا أرغب بزيارة أوهايو».

سألت الفتاتان باستغراب: «أوهايو؟ لماذا؟»

نورا: «أريد أن أبحث عن كريستين».

سألتها الفتاتان بتعجب شديد: «من كريستين؟»

ثقافة البنتين إنجليزية، تتحدثان معًا بالإنجليزية، وتعبران عن مشاعرهما بالإنجليزية أيضًا، رغم جهود نورا المستمرة لجعلهما تتكلمان العربية!

سردت لهما أمهما قصة المرأة ذات الملابس السوداء. وشعرت كأن كريستين جالسة أمامها وتستمع إليها.

وأنصتت الفتاتان إلى والدتهما جيدًا، وتابعتا سير الأحداث بترقب.

وقالت نورا بصوت ملأته مشاعر الحزن والندم: «أشعر أنه من واجبي أن أبحث عنها وأشكرها».

لا تدري نورا لماذا تنتابها تلك المشاعر كلما تذكرت كريستين؟!

ربما كانت مشاعر الأم العازبة قد خيمت عليها مرة أخرى! هي نفسها لا تعلم السبب، ولكن ما تعلمه هو أنها تريد البحث عن كريستين.

«نعم أمي، نريد القيام برحلة البحث هذه»، قالتها أمل، وقد طغت عليها حماسة المراهقة التي تبحث عن مغامرة جديدة وتتطلع للاستمتاع بمحطات هذه المغامرة.

«هل أنت واثقة من ذلك؟»، سألتها نورا التي غمرتها السعادة وتغلغلت في صدرها مشاعر الفرح والراحة، لأنها وجدت من يشدُّ على يدها في موضوع البحث عن كريستين، ومن يجعلها واثقة بأن رؤيتها لكريستين باتت قريبة جدًّا.

أمل: «بالتأكيد».

قاطعتهما حنان: «أريد الذهاب إلى ديزني لاند».

أمل: «لكنك زرت ديزني لاند في فرنسا... لنترك لأمي فرصة اختيار المكان الذي تريده».

فاض قلب نورا بالسعادة وبمشاعر الفخر بابنتيها الجميلتين والمثقفتين والمحبتين. حددت الفتاتان التواريخ المناسبة لبدء الإجازة الصيفية، وتم الاتفاق على أن تكون الرحلة في أواخر شهر يونيو 2020.

نورا: «أي أن تبدأ العطلة بعد انتهاء شهر رمضان، وبعد إنهاء حنان امتحاناتها النهائية... على بركة الله».

وأضافت نورا محفزة نفسها على إنجاز هذه الخطوة: «سأحسب المصاريف اللازمة للرحلة، وما أحتاجه من مال لشراء تذاكر السفر، فرحلتنا ستكون طويلة، وتكاليف الحياة في أمريكا معقولة... إن شاء الله سوف أستطيع.. إن شاء الله سوف أستطيع».

الإنسانية والوباء

مرت الأيام، وعزمُ نورا ما يزال على حاله، تترقب بفارغ الصبر حلول موعد العطلة الصيفية. وكذلك لم يفتر حماس الفتاتين، وإنما كانتا تعدان الأسابيع والأيام، بل الساعات والدقائق لخوض تجربة البحث عن المرأة ذات الملابس السوداء، ويحدوهما الأمل بأن تكون تجربة مليئة بالمفاجآت الممتعة، وبأجواء الغموض والمغامرة... هكذا هي نظرتهما، وهما في مقتبل العمر، إلى موضوع تلك الرحلة. وقد بدأت نورا بالفعل بجمع النقود اللازمة لسفرها هي وابنتيها.

بعد التجارب التي خاضتها نورا، والأحداث التي عايشتها، غيَّرت رأيها ومعتقداتها في بعض الأمور. وما كان ثابتًا ومتأصلًا لديها من آراء وأفكار تربت عليها، لم يعد على درجة الثبات نفسها. أصبحت نظرة نورا للأمور والأشخاص مختلفة، صارت أكثر مرونة... أصبحت نظرتها عميقة ومجردة من إطلاق الأحكام على الناس دون معرفة ماهيتهم وحقيقتهم الداخلية... أصبحت ترى الأمور من منظار أشمل، وخرجت من حلقة الأفكار التي كانت تحبس نفسها فيها... حلقة الوهم التي تُشير إلى الغريب بأصابع الاتهام، وتطلق عليه الحكم المسبق بسوء نواياه، قبل التعرف على تجربته ومعرفة نواياه والتقرب منه... أما حصر السبب في أنه غريب فقط، فغير وجيه على الإطلاق!

في مارس 2020 زاد انتشار جائحة كورونا، وظللت بسوادها العالم بأسره، بكل دولِه دون استثناء، ودون تمييز بين بلد أو جنس أو عرق أو دين!

جائحة اكتسحت العالم وقلبت موازينه... كان مرض وباء كوفيد 19 قد ظهر في الصين، وظنت بعض الدول أنه لن يصل إليها. لكن شاءت قدرة الله أن ينتشر المرض في شتى بقاع الأرض، ولم يترك رُقعة إلا تفشّى فيها.

مرض جديد ينتقل بالعدوى وبعدة وسائل. وشبحٌ خفي يُحارب الإنسانية جمعاء، كأنه جيش مفخخ ومسلح ومتأهب للنيل من أي إنسان يقابله. فبالنسبة له ليس هناك «آخر»... وليس هناك «غريب»!

أمام هذا الوباء بات البشر سواسية... فهو لا ينتقي الكبير أو الصغير ... المسلم أو المسيحي... العربي أو الأجنبي... الفقير أو الغني... بل يصيب بالعلة كل من دنا منه، ويفتك بالأرواح دون استئذان!

مرض جعل البشر كلهم يعيشون الظروف ذاتها، في الوقت نفسه، على اختلاف أماكنهم وألوانهم وأجناسهم ودياناتهم وأعراقهم.

فجميع البلدان عاشت جو الفرقة والتباعد والإغلاق والانهيارات الاقتصادية.

وجميع البلدان لم تكن مخيرة، بل أجبرت على الالتزام بالتعليمات، من تعقيم وتطعيم وتعليم عن بعد ووقف الاحتفالات ومنع التجمعات.

تجلس نورا الآن أمام التلفاز، تستمع وتراقب، كأن المشهد يُعيد نفسه... مشاعر خوف وقلق ... متابعة أخبار وتقارير وتحليلات. لكن المتهم واحد الآن، إنه وباء كورونا! أما المتضرر فهي الإنسانية جمعاء. والخوف لا يقتصر على نورا وعائلتها والعرب فقط، بل الخوف الآن شعور موحد بين جميع الناس... «هم» الآخرون بالنسبة لنا، و«نحن» الآخرون بالنسبة لهم.

ضاق صدر نورا، وشعرت بالرهبة نفسها والخوف نفسه وكأنها تعيش مجددًا أحداث 11 سبتمبر 2001.

إغلاق تام، لا يسمح بالخروج إلا للضرورة القصوى...

العمل عن بعد...

التعليم عن بعد...

البقالات تفتح أبوابها فقط.

انشغلت نورا بما يحدث للعالم الآن، وتأملت الأحداث التي جعلت الإنسانية جمعاء تتوحد، وكشفت الفطرةَ الموحدة الطيبة السليمة لدى جميع البشر وأظهرتها. فالبشر الآن يعيشون الألم نفسه، ويظهرون التعاطف أحدهم مع الآخر للخروج من هذه الجائحة. وتتكاتف جهود الدول لمواجهتها. فالجميع يُحاولون الاتحاد والتعاون لتقليل الخسائر قدر الإمكان.

نالت مشاعر الاستياء من نورا... فبسبب انتشار وباء كورونا أغلقت المطارات، وأوقفت الرحلات، ومنع السفر والتنقلات. ولم يعد وعد نورا لنفسها بالسفر إلى أمريكا والبحث عن كريستين قابلًا للتنفيذ! لكن رغم ما حدث ويحدث الآن فقد زادت رغبتها في لقاء كريستين؛ لأنها أيقنت أن كوننا غرباء؛ بعضنا عن بعض، لا يعني أننا ننتمي إلى عوالم مختلفة، بل ننتمي إلى العالم ذاته، ونقطن المكان ذاته وهو الكرة الأرضية، وتوحدنا الإنسانية جميعًا.

ها هي تعيش الآن الدوامة ذاتها من جديد... فالمُصاب جلل... والحُزن يَعُم أصقاع الأرض مع ارتفاع عدد ضحايا كوفيد 19 أينما كان.

لكن ما يهون عليها أنها صارت على قناعة تامة لا يشوبها شك... أن جميعنا بشر...

قد نختلف بشأن كثير من الأمور...

وقد نكون غرباء عن بعضنا بعضًا... إلا أننا غرباء بفطرة واحدة!

فطرة بشرية واحدة جعلتنا نشعر بذات الألم وذات الخوف وذات القلق!

«سأجدك يا أختي في الإنسانية»، قالتها نورا وهي تقف في شرفة منزلها، بعيدة آلاف الأميال عن كريستين،

ولكنها لسببٍ ما كانت تشعر بها!

وكررت مرات عدة في نفسها: «سأجدك يا أختي في الإنسانية».

لن تُضعف الظروف عزيمة نورا أو تثنيها عن البحث عن كريستين، بل إنها تنتظر أن ينتصر العالم برُمَّته على هذا الوباء البائس، وأن تعود الحياة إلى طبيعتها، حتى تلقى الصديقة الغريبة كريستين التي تحمل فطرة سليمة رقيقة مشابهة لفطرتها.